ビジネスで差がつく

# 論理アタマのつくり方

カンタンな中1数学だけでできる！

平井基之

## はじめに

　みなさんは、**もうすでに論理思考を習っています。**
　というと、ウソだと思うかもしれませんが、ウソではありません。
　ズバリ、**中学1年生の数学に論理思考のエッセンスがたくさん詰まっています。**
「でも、論理思考なんてできるようになったかな？」とお思いの方もたくさんいることでしょう。

　これにはカラクリがあります。
　一般的に、学校の数学の授業というのは、先生が「はい、こういうふうに計算すれば問題が解けますね。では、みなさん、問3をやってみてください」と指示し、生徒が指示された問題を解く、といった感じだと思います。
　このように、学校の授業は数学の問題が解けるようになるために、予定されたカリキュラムで進みます。先生も論理思考を身につけさせる目的で授業をしませんし、生徒も論理思考を身につけようという姿勢で授業を聞いていません。
　だから、**中1数学の授業を受けても、論理思考ができるようになるとは限りません。**これがカラクリです。

では、大人になって中1数学の教科書を眺めたことがあるでしょうか?

恐らく、ほとんどの方がないと思います。あったとしても、熟読はせず、パラッと目を通したくらいではないでしょうか。

しかしよく読んでみると、論理思考を学ぶのに、非常に役に立つ内容ばかりです。

その理由は簡単。

ご存じのとおり、数学は実に論理的です。それは高校数学でも中学数学でも変わりません。あえて言うならば、**算数から数学に切り替わった中1の数学こそ、論理的な数学の土台となる単元が目白押し**です。

だから、中1数学を学び直すと、論理思考も同時に学ぶことができるのです。

本書は、中1数学を通じて論理思考を学ぼうという本です。文系の方からは敬遠されそうですが、**怖がらなくて大丈夫**。中1が習う内容なのでカンタンですし、専門用語も極力控えています。逆に、数学が大好きな方からは怒られてしまうかもしれません。

だから、子供の頃に数学が苦手だったけれど、もう一度数学を学び直したいという方にこそおススメです。

さあ、子供の頃にはスルーしてしまっていた論理思考を学んでいきましょう。

## 目次

- はじめに ……… 3

## 第1章
# 論理思考で3つの力が伸びる

- 理系アタマになれば、仕事ができるようになる …… 12
- 「一石四鳥」を狙おう！ …… 13
- 論理思考を身につければ、東大合格も夢じゃない …… 14
- 論理思考で、見える世界を変えよう …… 16
- なぜ数学嫌いは生まれるのか …… 17
- 論理と数学ほど面白い世界はない！ …… 19

## 第2章
# 中1数学で論理力を鍛えよう

- 「同じ」「違う」「順番」の3つだけで論理思考がマスターできる …… 22
- ミッキーマウスとピカチュウの「同じ」「違う」「順番」 …… 25
- 「同じ」「違う」「順番」が論理思考の本質 …… 27

- 正負の数は「同じ」「違う」「順番」でどうなるか? ...... 30
- 「同じものは覚えなくてもよい」法則 ...... 32
- ストーリーにすると、難しいものも簡単になる ...... 35
- マイナスとマイナスの掛け算は、なぜプラスになるのか? ...... 37
- 正負の数の計算ルールを見てみよう ...... 40
- 小法則から大法則を探そう! ...... 41
- 中1の図形がカンタンな理由 ...... 44
- 「同じ」「違う」「順番」の実践例──結果の出し方 ...... 47
- 自分の行動を論理的に決定しよう! ...... 49

# 第3章 中1数学で言語力を鍛えよう

- 「2+3=5」の衝撃!! ...... 52
- セクシー素数をご存じですか? ...... 53
- 数学にも文法の勉強がある ...... 55
- 数学の文法は複雑? ...... 57
- 便利すぎて手放せなくなる文字式 ...... 60
- 法則はどんどんカンタンになる ...... 63
- 「理由を考える」法則 ...... 65
- シンプルイズベスト ...... 67
- 中1数学では「表現力」も学べる ...... 69

- 表現力の例①　交換法則 …… 71
- 文字式の足し算・引き算もカンタン …… 73
- 表現力の例②　公式や法則が表現できる …… 75
- 表現の仕方が運命を左右する …… 77
- 文字式の凄まじい威力 …… 81
- あらゆる偶数をたった2字で表す …… 82
- 「偶数＋偶数＝偶数」をたった1行で証明する …… 83
- 日常に溢れる、言語としての数学 …… 85

第4章

## 中1数学で暗記力を鍛えよう

- 暗記力がいらない場面は皆無 …… 92
- 暗記の練習は中1数学がちょうどよい …… 94
- 「暗記は少ないほうが楽」は間違い、一度に大量に暗記するほうが楽 …… 95
- 円錐ってどんな意味？ …… 96
- 暗記力を高めるために、語源を調べよう …… 98
- 円錐から話が止まらなくなる！ …… 100
- 「隹」の意味は？ …… 104
- 暗記のコツは関連づけ …… 105
- 路線図のように暗記しよう …… 107
- 2種類ある暗記力——意味記憶と手続き記憶 …… 109
- 記憶はスマホとアプリの関係と同じ …… 110

- 自転車に乗れれば、計算がマスターできる ····· 113
- １次方程式の計算はこんなにカンタン ····· 114
- 移項の仕方もこれまでと「同じ」 ····· 116
- カレーのレシピを覚えるように、数学の問題を解こう ····· 118
- 最強になるためには？ ····· 121
- 信じられないレベルに達した人たちの例 ····· 124
- 雪だるまの法則 ····· 125

# 第5章 3つの力を統合してみよう

- 論理力と言語力と暗記力をミックスした総合力を鍛えよう ····· 130
- 方程式の文章題をレシピ化してみよう ····· 131
- 方程式の文章題は「翻訳」の作業 ····· 133
- 「翻訳」の力こそビジネスで役に立つ ····· 134
- アルタ前の待ち合わせに必要なこと ····· 136
- 道案内がうまくなるには ····· 137
- 座標はシンプルで便利な言語 ····· 139
- 日常に溢れるｘｙ座標 ····· 141
- 数学は論理的なことを表現するのが得意 ····· 144
- グラフは人を感動させる ····· 146
- 大人でもタメになる統計の基礎 ····· 147
- データを並べ替えるだけで分析ができる ····· 149

- 散らばり具合を表すには？
  ──範囲と度数分布表 ……………………………………… 152
- 散らばり具合を表すには？
  ──ヒストグラムと度数折れ線 ……………………… 157
- 「平均＝真ん中」という幻想に騙されるな ……………… 161
- 平均年収のグラフの読み方 ……………………………… 165

## 第6章 論理思考で結果を出せる人になれる

- 塾に通わず学年1位を取り続けた女の子の話 …… 172
- インプットとアウトプット ……………………………… 173
- ゴミ屋敷では目的のものは見つからない ………… 176
- 「インプット→頭の中を整理→アウトプット」
  の順番で学ぼう …………………………………………… 178
- 手続き記憶でも「インプット→頭の中を整理
  →アウトプット」が有効 ………………………………… 181
- 「量を増やす」のは悪い作戦 …………………………… 183
- 机に向かって勉強するのをやめよう ………………… 185
- 受験対策をしても、大人になって必要な力は
  手に入らない ……………………………………………… 187
- WhatからHowの思考に切り替えよう ……………… 189

第 1 章

# 論理思考で
# 3つの力が伸びる

## 理系アタマになれば、仕事ができるようになる

　文系と理系の違いが、面白おかしく話題にされています。

　文系は花火を見ると「キレイだな」と思うけど、理系は「ナトリウムの色だ」と思う。

　文系はカクテルグラスでお酒を飲むけど、理系はフラスコでお酒を飲む。

　これでは「理系はムードや情緒が欠けているんだ！」と言わんばかりのひどい扱いですが、一方で文系が理系に憧れる側面もあるのではないでしょうか。

　例えば、トラブルが発生したときに冷静に問題点を分析する力、解決策の段取りを手際よくつくってしまう力、無駄を省いて効率よく仕事を進める力。

　いかにも理系アタマの人は、仕事ができそうな気がします。

　文系より理系のほうが高収入だという研究結果が話題になったのをご存じかもしれませんが、**理系アタマが仕事によい影響を及ぼしている**側面は確かにありそうです。


　大学受験の世界では、「すべての科目の中で一番大切なのが数学だ」とか「数学の力がすべての土台になっている」と言われることがあります。

　これはなぜかというと、**数学が論理の学問**だからです。勉強

において、論理を必要としない科目がないから、数学がすべての土台だと言われるのです。
　では具体的に、どのような力が手に入るのでしょうか？

## 「一石四鳥」を狙おう！

　私が創作した言葉に、「一石**四**鳥」があります。
　普通の人が１つの石で２羽の鳥を狩って喜んでいるところを、自分だけは倍の４羽を同時に獲ろうとするものです。
　なぜ突然、こんな話を持ってきたかというと、読者のみなさんに、それくらい**「欲張り」になって読んでほしい**からです。

　本書のメインテーマは論理思考です。しかし、論理思考の力だけがアップする本ではありません。どういうことかというと、**論理思考が身につけば、ほかのさまざまな能力が同時に上がる**のです。
　勉強には、英語、数学、国語……とたくさんの科目があります。ですが、それぞれまったく無関係ではありません。国語と英語は言語という点で似ていますし、数学と理科は共通して計算が必要です。このように共通点を探して、より根本的な力はなんだろうと考えると、驚くことに３つの要素しかありません。

　その３つとは、**論理力**と**言語力**と**暗記力**です。

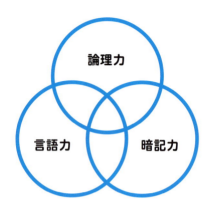

　では、この3つがそれぞれ別物なのかというと、決してそうではありません。それぞれが関連し合っているため、1つを鍛えると、ほかの2つがイヤでも同時に伸びていきます。
　その証拠として、1つ例を挙げましょう。

## 論理思考を身につければ、東大合格も夢じゃない

　派手な見出しをつけました。
　論理思考で東大合格が見えてくる……ということなのですが、その理由は、先ほどご説明したとおり。**論理力を極めると、勉強に必要な言語力や暗記力が身につく**からです。
　東大入試には、論理思考が要らない問題は1問も出ません。
　数学や理科であれば、当然必要。

英語や国語はどうかというと、実は非常に論理的です。文章というのは、やみくもに言葉を並べたものではなく、**文法という論理**を使って記述します。なので、文法の力を極めると、読めない文が限りなく少なくなります。
　また、1つの文も論理的ですが、文章全体も非常に論理的に構成されています。
　「いやいや、単語や熟語を覚えてないと文章は読めないだろう」と反論があるかもしれませんが、単語や熟語の暗記は論理を使うと非常にスムーズになります。いわゆる丸暗記でも対処できますが、**論理的に覚えていくと、何倍も暗記のスピードが増します**。

　では、社会系の暗記科目はどうでしょう。
　年号や人物名、事件の名前をひたすら暗記していく科目と思うかもしれませんが、これも単語や熟語と同じで、論理的に覚えると非常に楽になります。
　第4章で詳しく書きますが、暗記力をアップさせるには、**知識と知識を関連づける**ことが有効です。これが効率的な暗記法の最大のポイントになります。ほかの知識と関連させればさせるほど暗記力がアップするのですが、関連させるときに論理が非常に役立つのです。

　私の例でいうと、30歳を超えてから、苦手な文系で東大を受験しましたが、そのとき日本史や地理の勉強で丸暗記に費やしたのは、わずか1週間程度でした（しかもセンター試験の直

前)。論理力を高めると、これほど暗記が得意になります。

「勉強はストーリーの理解と暗記」であると言うことができます。国語や英語長文の読解はまさにストーリーの理解ですし、数学や理科の広く深い世界は論理のストーリーの集合です。そのストーリーの理解のためには暗記が必要ですし、社会系の科目は上に書いたとおり知識を関連づけてストーリーにしながら覚えていきます。そして、そのすべてに絡むポイントが論理力です。

重要なので、何度も書きます。**論理を極めると、言語力も暗記力もアップする**のです。

このように語っていくと、論理で解決できないものがほとんど残されません。**東大合格ですら論理思考でグッと近くなる**のです。

## 論理思考で、見える世界を変えよう

東大を受験しようと思って、本書を手に取った人はほとんどいないでしょうから、もっと身近な例を挙げておきます。

論理思考が身につけば、同時に言語力も暗記力も身につくという話をしましたが、具体的に何に役立つのでしょうか。

ご期待どおり、**仕事に生かせます。**

上司や顧客に、わかりやすく話ができず、言いたいことがうまく伝わらない、なんてことはよくあります。そんなとき、論

理的に話せたらどうでしょうか？　論理的な思考でビジネスプランを考えて、メールや文書の作成時間が短縮されたら、どれだけよいでしょう。

　暗記力が上がれば、商品知識や顧客情報の把握も簡単にできるし、言語力が上がれば、シンプルで明快なプレゼンができるでしょう。

　ほかにも、**資格試験の勉強がスムーズになります**。勉強に必要な3つの力が上がるわけですから当然です。

　**子育てにも生かせます**。両親のレベルアップは、子供のレベルアップです。私の少ない経験ですが、両親が絶えずレベルアップしているご家庭のお子さんは、両親を尊敬し、言うことをよく聞く傾向が非常に強いのです。

　このように、論理思考を身につければ、身の回りのあらゆることが変化する可能性があります。世界が違って見えるはずです。

## なぜ数学嫌いは生まれるのか

　ところで、数学嫌いは、なぜ生まれるのでしょうか？
　いろいろな理由がありますが、1つには「学校の授業が合わなかった」というのがあるでしょう。しかし、**学校の数学は、わざとつまらなくなるように構成されている**ことをご存じで

しょうか。

　現場の先生方の多くは、どうやったら数学を楽しく学んでもらえるかと、日々実践と研究を重ねていて、本当に頭が下がります。

　しかし、学校のシステムそのものが、必ず数学嫌いを生むように仕組まれているので、先生方の努力が十分に反映されないのです。

　その理由はズバリ、**テストが存在するから**です。

　冒頭にも書きましたが、学校の数学の授業は、先生が教科書の例題を解説し、生徒が類題を解く、つまり問題演習を中心に進むのが一般的です。

　どうして、そのような進め方をしているのでしょうか。

　テストがあるからです。

　先生が心の中でどれだけ数学を楽しく教えようと思っていても、テストで点数を取らせることが優先されます。だから、問題演習や計算訓練に多くの時間を割こうとして、本当は面白い背景の話や、論理思考に絡む話などは最小限に抑えられてしまいます。

　また、テストをする以上、必ず点数化されますから、点数が取れた子は数学が好きになり、点数が取れない子は嫌いになるのです。

　こうして、数学嫌いな子が、この世に誕生し続けます。

## 論理と数学ほど面白い世界はない！

　しかし、私は声を大にして言いたい。
　**数学は面白い**のです。
　世の中には、たくさんの"数学オタク"がいます。
　彼らは、車のナンバープレートを見ては、四則計算（足し算、引き算、掛け算、割り算）を使って 10 になるように計算し、素数を発見すると喜びます。アイドルのコンサートに行くより、数式を眺めているほうが楽しいという人もいます。
　これは、数学が面白いからです。深くて美しい数学の世界を知ると、その魅力から離れられなくなるのです。

　数学は論理の学問です。論理を積み重ねることは楽しいのです。
　本書では、学校で解説されない数学の話や、日常で使われる数学の話がたくさん盛り込んであります。
「あっ、そうだったんだ」という発見をしたり、「なるほど〜」という納得をしたりしながら、楽しく読んでいただければ幸いです。
　一貫して中 1 の簡単な数学を題材にしていますが、第 2 章では論理思考そのものを身につけていただきます。そして、第 3 章では数学なのになぜか言語力の話をして、第 4 章では数学を

勉強しながら暗記力を身につけていただきます。

**学ぶコツは楽しむこと**です。学校の勉強のように、眉間(みけん)にシワをつくって、ウンウンうなりながらではなく、数学の面白さに触れ、楽しんでみてください。

ここで、みなさんに吉報です。

本書にテストはありませんので、ご安心を。

---

### 教科書に準拠した内容です！

中1数学の単元は、次のようになっています。

| 第1章 | 正の数と負の数 |
| --- | --- |
| 第2章 | 文字と式 |
| 第3章 | 1次方程式 |
| 第4章 | 比例と反比例 |
| 第5章 | 平面図形 |
| 第6章 | 空間図形 |
| 第7章 | 資料の整理とその活用 |

本書では、すべての単元に一通り触れつつ、簡単な解説を加えています。

本書の第2章:「正の数と負の数」「平面図形」「空間図形」
本書の第3章:「文字と式」
本書の第4章:「平面図形」「空間図形」「1次方程式」
本書の第5章:「比例と反比例」「資料の整理とその活用」

だから、本書を読めば、中1数学の大まかな内容が理解できるのです。

第 2 章

# 中1数学で
# 論理力を鍛えよう

# 「同じ」「違う」「順番」の3つだけで論理思考がマスターできる

　第1章ではさんざんもったいぶったので、さっそく本題に入りましょう。

　世の中、さまざまな論理思考、論理力、ロジカルシンキングなどの本が出ています。私も何冊か愛読していますが、たくさんのノウハウが載っていて、少し使いづらさを感じていました。

　もっとシンプルに、なるべく簡単に、かつ子供でもわかる言葉で表現できないものかと試行錯誤していると、意外なところにヒントがありました。

　本書は、数学を通して論理力を習得するための本です。本書を手にとっているみなさんのことでしょうから、論理が日常生活や仕事の場だけでしか通用しないものとは思ってないでしょう。

　数学でも論理は登場するし、文章の読み書きでも必要、理科や社会、経済や法律などでも役に立つものです。どんな分野にでも関わってくるのが論理だと言えます。

　私も自分の都合のつく中で、少しずついろいろな分野の勉強をしてきましたが、論理がシンプルにまとまっていると思ったのは、**国語の現代文**がきっかけでした。

　現代文は、数学と同様、論理の科目だと言われています。筆

者の主張を読み取ることが最も大切なのですが、その筆者の主張は、たいてい通説を批判しながら展開されます。

つまり、「筆者の新説 vs. 通説」というバトルが、現代文の文章だということです。

そのバトルも無差別級でルール無用のケンカではなく、ルールに則ったスポーツに近いと思ってください。

筆者が通説に寄り添って同じ主張をする部分がありつつも、根本的なところでは通説と違う主張をし、それを読者に論理的に納得してもらう。これが、1つの型になっています（ついでに、筆者の新説が、必ず通説に勝利するところまでが型だと言えます）。

この型にさまざまなテーマの内容を放り込むと、1つの評論文が完成します。

その型を読み取るのが現代文の読解であり、文章を書くのが小論文という科目です。

では、その型の読み取るべきポイントはどこかというと、3つあります。

①筆者の新説と通説で**同じ**主張をしている部分、②筆者の新説と通説で**違う**主張をしている部分、③筆者の新説が通説より優れている**理由**の3つです。

これを、もっとシンプルに、あらゆる場面で通用する言葉に言い換えると、**「同じ」「違う」「順番」**になります。

この3つこそ、論理の基本と言えます。

ちなみに、本書は数学と論理力をテーマにしていますが、私は本業の受験指導で、ほとんど全科目の指導をしています。そして数学と同じくらい、国語の読解の授業も評判がよく、最も短期間で成績を大きく伸ばせるのも国語の読解です（国語は数学より習得する技術が圧倒的に少ないためです）。

　本書ではありとあらゆるものを、「同じ」「違う」「順番」に結びつけて解説していきます。つまり、**この3つの考え方を習得することが、本書の目的**です。「なんだ、そんなことか」と思うかもしれませんが、広く深く非常に便利な考え方です。

　「同じ」「違う」「順番」について、なんとなくイメージできるかもしれませんが、論理思考のベースになるものなので詳しく触れておきます。

　**「同じ」とは、2つのものの共通点を探し出すこと**です。同じでなく、似ている点でもかまいません。

　**「違う」とは、2つのものの異なる点を見つけること**です。どう違うか、何が違うか、どのくらい違うかなど、「What」や「How」などを付け加えて考えることがポイントです。

　そして**「順番」は、どちらが先か（後か）を考えること**だけでなく、**時系列でどちらが過去か（未来か）や、因果関係も含みます**。その中でも、論理の世界ではとくに因果関係が重要です。原因があって結果が生まれますから、原因が先で結果が後ということになります。ほかにも、どちらが大きいか（小さいか）、どちらが優先かなども含めます。

　ちなみに、数学は論理の学問であり、因果関係のオンパレー

ドです。イチイチ「因果関係があります」とか「順番を意識しましょう」などと書くと、煩わしいことが多すぎます。よって、本書では細かい部分の「順番」は省き、とくに意識してほしいところだけピックアップしてありますので、ご了承ください。

　この3つを常に意識して物事を捉えるようになると、論理力がグングンとアップしていきます。よく結果だけ指示され、プロセスを説明されないことがあります。受験の世界でのあるあるは、「単語を覚えろ」と言われても、暗記法を教えてもらえないとか、「もっと勉強しろ」と言われても、結果の出やすい勉強法を教えてもらえないとかです。大人になっても「もっと頭を使って考えろ」と言われることがあると思いますが、肝心の頭の使い方は教えてもらえません。

　そのようなとき、「同じ」「違う」「順番」を使って考えてみてください。何げなくボーッと見たり聞いたりしているのではなく、**何が同じで、何が違って、どっちが先かを整理するのが論理思考です。**

## ミッキーマウスとピカチュウの「同じ」「違う」「順番」

　ものは試しで、例を挙げてみましょう。
　ミッキーマウスとピカチュウの「同じ」「違う」「順番」は何でしょうか？
　まず「同じ」点ですが、どちらも**架空のキャラクター**です。

**可愛い**、**人気がある**、**子供向け**なども「同じ」に含めてよいと思います。ほかにも、意外と気づかないのが、どちらも**モチーフがネズミ**だという点です。どちらもキャラクター化されていて、日常になじんでいるので気づきません。

　次に「違う」点に行きましょう。ミッキーマウスは**アメリカが発祥**で、ピカチュウは**日本生まれ**。ミッキーマウスは**映画のアニメキャラ**から始まりましたが、ピカチュウは**ゲームが元ネタ**です。ほかにも、ミッキーマウスは**人間の言葉を話します**が、ピカチュウは**話せません**。

　ポケモンは携帯ゲーム機の先駆け「ゲームボーイ」用ソフトとして発売されたゲームです。そのゲームでピカチュウの鳴き声は「ピー」というか「ギャー」というか、日本語では表現できない機械音でした。それが、アニメ化されたら、はっきりと「ピカチュウ」と発音するようになっていて驚きました。

　とはいうものの、「ピカー」とか「ピカチュウ」としか話せず、人間の言葉は話しません。個人的には、あれほど世界的に人気のキャラクターなのに、人間の言葉をしゃべらないのはすごいと思います。

　話を戻して次の話題、「順番」に行きましょう。一番はじめに思いつくのは、**ミッキーマウスが先**にこの世に登場し、**ピカチュウが後**に登場したという点でしょうか。調べたところ、ミッキーマウスがスクリーンにデビューしたのは1928年だそうです。対してピカチュウは1996年。当然ですが、ミッキーマウ

スのほうが先です。しかしこれだけではありません。ほかのジャンルでも「順番」が考えられます。

例えば、身長。ミッキーマウスは3フィート2インチ、つまり96.5㎝の設定だそうですが、ピカチュウは0.4mだそうです。ということで、**ミッキーマウスのほうが背が高くて、ピカチュウのほうが低い**ことがわかります。また体重で言うと、ミッキーマウスが23ポンド（約10.4kg）に対して、ピカチュウは6.0kg。ミッキーのほうが重いという比較もできます。

## 「同じ」「違う」「順番」が論理思考の本質

このように、「同じ」「違う」「順番」を意識して考えてみると、新たな発見があったと思います。これが論理の基本です。

論理という言葉を辞書で調べてみると、「考えや議論などを進めていく筋道」と書かれています。つまり「Aがあって、次にBになって、ということはCになるから……」と考えていく筋道のことです。

お気づきでしょうか？

論理思考は**1つの物事にとどまっていては不可能**です。Aだけにとどまっていては、話が発展しないのです。必ず複数の物事が登場します。Aの後にBという結論が導かれ、次にCになり……と、次々に話題が転換します。だから、複数のものや条

件を比較することが基本になります。

　そのときに、非常に役に立つのが、**「同じ」「違う」「順番」**です。共通点を探し、異なる点を探し、関係性を探る。2つのものを比較するときに、これ以上シンプルで、本質的な表現はありません。「同じ」「違う」「順番」を徹底的に意識して物事を捉えていくのが、**論理思考の最短ルート**です。

　また、論理思考を語る上でよく取り上げられる**具体**と**抽象**の話や、**帰納法**と**演繹法**の話も説明できます。
　まず言葉で簡単にまとめると、**法則を見つけることを抽象化または帰納法**と言い、**法則を当てはめることを具体化または演繹法**と言います。図をご覧ください。
　具体例AとBとCを並べて見たときに、「同じ」特徴があるのを発見したら、その特徴が法則になります。これを日本語で「抽象化」と言い、この方法を「帰納法」と言います。
　首の長いキリン一郎、キリン二郎、キリン三郎を眺めていたら「キリンは首が長い」という「同じ」点を見つけた、ということです。
　これに対し、AとBとCに当てはまる「同じ」法則をDにも当てはめることを「具体化」と言い、この方法を「演繹法」と言います。
　先ほど見つけた「キリンの首は長い」という法則があるから、キリン四郎も首が長いはずだ、と考えるのが演繹法です。
　このように、「同じ」を発展させると帰納法や演繹法が理解できます。

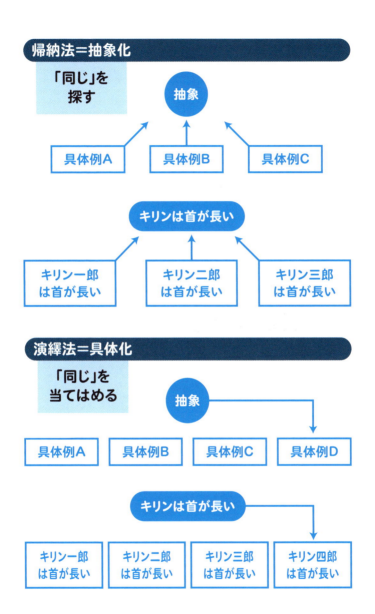

# 正負の数は「同じ」「違う」「順番」でどうなるか？

 それでは、ここまでの話を踏まえて、中1数学の内容に入ってみましょう。

 中1数学の教科書を開くと、**「正の数と負の数」**という単元がはじめに登場します。マイナスの計算が登場する、あの単元です。正の数とはプラスの数、負の数とはマイナスの数のことです。

 この単元では、まず「負の数」の定義をします。

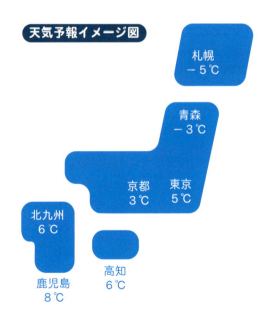

教科書に登場するのははじめてでも、日常生活ですでに負の数は登場しています。例えば、冬の気温。テレビやインターネットで天気予報の画面を見ていれば、何度か見たことがあるはずです。東京でも冬場はマイナスの気温になることがありますし、北海道はマイナスの日ばかりになります。

　ちなみに図（数直線）で表すと、このようになります。

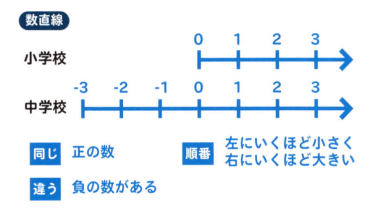

　小学生のときと中学生のときで「同じ」なのは、0より右側の正の数の部分ですね。**「違う」**のは負の数があるかどうかです。

**「順番」**としては、左にいくほど小さく、右にいくほど大きな数字になることが挙げられます。

　このように、いままで自分が知っていた知識と、**何が「同じ」**

で、どこが「違う」点で、どのような「順番」になっているかをチェックしながら学ぶのがポイントです。

## 「同じものは覚えなくてもよい」法則

　この法則は、とくに暗記で威力を発揮します。

　暗記力については、第4章で詳しく扱いますが、みなさんも関心が高いと思いますので、先に少しだけ触れておきましょう。

　暗記が苦手な子の特徴をいくつか挙げてみます。

・教科書を端から端まで覚えようとする。
・なるべく少ない量で済まそうとしている。
・暗記の勉強時間にしか、暗記しない。
・問題を解かない。
・意味を考えない。
・暗記から「卒業」しない。
・頭の中を整理しない。
・覚えたクセに、すぐ忘れる。

　うっ、自分も当てはまってしまった。こう思った方には、失礼しました。

　しかし、ご安心ください。これらすべてを解決する方法を、第4章でしっかり紹介しています（もちろん中1数学を題材に）。

詳しく解説するのは第4章に取っておいて、ここでは1つだけポイントを覚えてください。

**「同じものは覚えなくてもよい」**という法則です。

　例えば、教科書の端から端まで覚えようとする子がいますが、教科書の中には、自分がすでに覚えていることが、けっこうたくさん載っています。
　授業で聞いていて、まったく何も覚えていない、なんてことはありません。なんとなく先生が言っていたなあ〜というくらいは思い出せるはず。
　しかし、テスト前に覚え直すときに、先生の話をまったく思い出さずに、すべて新しい情報だと思って暗記する子がいます。
　すると、膨大な量の暗記を相手にしなくてはならなくなり、結局、テスト範囲が終わらず、成績が伸びないのです。

　一方、暗記が得意な子は、教科書をドンドン飛ばして勉強します。
　覚えているところは飛ばして、覚えられてないところだけ覚える。
　すると、**大量に見えた暗記量も、半減かそれ以下にまで少なくなります**。そうなれば、テスト前に勉強し終わりますから、よい成績も取れるという構造になっています。

　暗記が苦手な子に対して、「勉強量が足りないんだ。もっと

勉強しなさい」と指導することが多いですが、半分正解で、半分不正解です。

**「方法を変えて、勉強量も増やす」**のが最も効果的です。

ほとんどの人が、暗記法を習ったことがなく、自己流でやってきたと思いますが、ちょっとしたコツをつかめば楽になるので、ぜひ第4章を楽しみにしてください。

自分の知っている知識と結びつければ、**心のハードルが低くなり、難しいことでも簡単に受け入れる**ことができます。

先ほど、マイナスの説明をするときに、天気予報図を例に挙げました。

これも、中1の生徒がすでに知っている知識と「同じ」ものをわざと例に出しています。

中1の子に対して、会社の収支報告書を例に出し、黒字がプラスで、赤字がマイナスで、と説明しても、ピンときません。「あぁ、天気予報と『同じ』ルールで考えればいいのね」と思わせることが、教えるポイントです。

暗記が得意な子は、先生が天気予報の図を使ってアレコレ説明しても「どうせ知っているのと『同じ』でしょ」と思って、あまり説明を聞かなかったりします。そして、それでよいと思います。

新しい知識だと思って全部を吸収しようとすると、頭がパンクすることがあります。勉強においても、仕事においても、**肩の力の抜き方を身につける**ことが大切なのです。

# ストーリーにすると、難しいものも簡単になる

　それでは、ここから計算方法に入っていきます。

　計算自体は、すでに知っているものでしょうが、計算方法を習得するのが目的ではなく、**「同じ」「違う」「順番」の使い方を理解する**のが目的です。丁寧に説明していて、多少くどくなるかもしれませんが、あらかじめご了承ください。

　数学で最も優先して行うのは「カッコ」の計算です。カッコを外してから全体の計算に移る、という**「順番」**で計算を進めます。

### カッコの外し方①

$(+3) = +3 = 3$　違う　＋のときは消去 ◀ 小学校のときと 同じ
$(-3) = -3$　　　　　　－のときは残す ◀ 新登場 違う
　　　　　同じ カッコを外す

　2つの計算例が載っていますが、**「違う」**ルールがあります。カッコを外したあと、プラスの符号が残っているときはプラスの符号を消去しますが、マイナスの符号は消去しません。

　「同じ」は覚えなくてもよいのですが、**「違う」は覚えるべきポイント**です。

だから先生としても、強調して言わなければならない部分ですし、学ぶ側も注意しなければなりません。
　**しかし、この「違う」ルールのうち、片方は実は過去の知識と「同じ」**だと気づいたら、どうでしょう？
　プラスの符号を消したのは、はじめてでしょうか？
　違います。小学生のときの書き方と**「同じ」**です。

　小学生のときも、3の前に＋の符号を書かなかったはずです。それと同じルールを中学生でも使っているだけです。
　プラスだけ消去してマイナスは消去しないと考えると「違う」ルールになって覚えなくてはなりませんが、小学生と「同じ」だと思えば、覚えなくてもよいのです。
　正の数は小学生のときも登場していたので、「同じ」ルールを使ってプラスを書かない。一方で、マイナス符号は中学生ではじめて登場したし、省略するとプラスなのかマイナスなのかわからなくなるので、省略しない。
　これで理由に納得がいくと思います。

　このように新しく登場した知識や、整理した知識に、何かしら**自分なりの理由をつける**ことも非常に大切です。
　本章の冒頭に、因果関係も「順番」だと書きましたが、まさにこの部分です。
　結果だけ理解しよう、覚えようとするのではなく、**原因も同時に見る**ことが論理力の大きなポイントです。
　「順番」や因果関係を理解すると、バラバラの情報がストーリー

になります。第1章でも書きましたが「勉強はストーリーの理解と暗記」です。

そして、勉強を効率的にこなし、短時間で成果を出すのは、仕事にもつながる訓練です。繰り返しますが、中1数学は、論理の基礎であり基本です。ここを理解した先に、必ず実生活に役立つポイントが待っています。

## マイナスとマイナスの掛け算は、なぜプラスになるのか？

本書は、このように数学の解説をしていると思いきや、いつの間にか論理力に結びつきながら進みます。

次は、もう少し複雑なカッコの外し方に行きましょう。少しペースアップします。次の図をご覧ください。

今度は、カッコの左側にプラスの符号やマイナスの符号が

くっついています。どのような法則があるでしょうか？

　生徒に聞いてみると、「同じ符号のときはプラスになって、違う符号のときはマイナスになる！」と答えてくれることが多いです。

　これは、なかなかよい着眼点です。

　カッコの中と外の符号が**「同じ」**か**「違う」**かに注目しています。

　①はプラスとプラスで結果がプラス、④はマイナスとマイナスで結果がプラスですが、②と③は、プラスとマイナスで結果がマイナスです。

　もともと4つの計算式だったのですが、**「同じ」と「違う」を意識することで、2つのルールに集約されました。**まとまったということは、抽象化（帰納）されてシンプルな法則になったということです。

　ちなみに、本書の主題からは外れますが、よく受ける質問なのでお答えしておきましょう。「なぜ、マイナスとマイナスを掛けるとプラスになるのか」です。

　正負の数は数直線で考えることができるということを31ページに書きました。数学では右に進むことをプラス、左に進むことをマイナスと考えます。

　これに加えて、もう1つルールを加えてください。「マイナスを掛けたら逆向きに進む」というものです。

　例えるなら、マイナスを掛けることは「回れ右」をするのと**「同**

じ」です。マイナスが2回掛け算されていたら、回れ右を2回するので、元の向きに戻ります。マイナスが3回掛けてあったら、回れ右を3回するので、元の向きに対して逆を向いているはずです。

　詳しいことは、図に書いてありますので、ご覧ください。

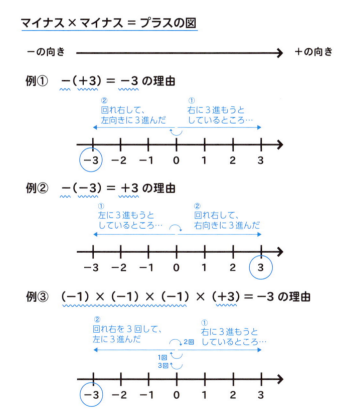

# 正負の数の計算ルールを見てみよう

次に、計算ルールを見ましょう。
例のように、小学生の計算ルールと比べながら見てください。
さて、何が「**同じ**」で、どこが「**違う**」点でしょうか？

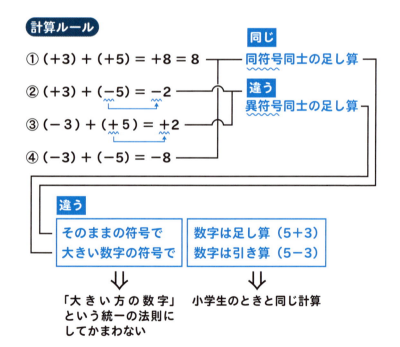

①と④を見てください。①は正の数＋正の数、④は負の数＋負の数になっています。つまり、①と④に共通するのは、「符号が同じものの足し算」であるということです。

　では、結果の**「同じ」**はというと、符号は足した数字と同じ符号になり、数字同士は足しています。

　次に、②と③に注目して同じことをしてみます。

　②は正の数と負の数の足し算、③は負の数と正の数の足し算ですから、どちらも「違う符号同士の足し算」になっています。

　そして結果の**「同じ」**としては、＋3と－5の足し算の結果はマイナスになり、－3と＋5の足し算はプラスになっていますから、どちらも「大きい数字のほうの符号」になっているのがわかります。数字同士の計算結果は2ですから、5－3の引き算をしています。

## 小法則から大法則を探そう！

　ということで、4つの計算を見ながら、2つの法則を発見しました。

（A）同じ符号同士の計算なら、その符号を書いて、数字を足し算する。
（B）違う符号同士の計算なら、数字が大きいほうの符号を書いて、数字を引き算する。

さらに先に進みましょう。もっと統一的な法則が発見できます。

　思い出してください。

　小学生から中学生に上がって、新しく**「違う」**内容として習うのは、マイナスの符号が登場することです。すでにご紹介したとおり、「同じものは覚えなくてもよい」法則がありますから、ここで注目すべきは、計算よりも**符号の考え方**です。

　例えば、「大きい数字のほうの符号を書く」としてみたらいかがでしょう。

　（A）のように同じ符号同士なら、どっちの符号を選んでもよいわけです。だから（B）の法則を（A）に適用させてもかまいません。

　こうすると、先ほどは2つに分かれていた法則が、1つにまとまってしまいました。

### 1つに統一されたルール

**大きい数字のほうの符号を選び、あとは小学生の計算と同じ**

　これで1つのルールですべての計算ができるようになりました。**「同じ」**点と**「違う」**点を意識して考えることで、**大きな法則がつくれ、頭の使い方もシンプルになります。**

　日常や仕事の場でも、まったく同じことができます。

　そのときどきに経験した成功事例や失敗事例の因果関係（順

番)をつかみ、共通点(同じ)を探すことで、徐々に法則が見えてきます。

そして、法則をつかむと円滑に仕事が進みますし、部下や子供への指導力も上がります。

日常生活は数学のように簡単にはいかないと思うかもしれません。そのとおりです。**数学はシンプルで論理的だからこそ練習問題になる**のです。

中1数学くらいなら、それほど複雑な計算や公式は出てきませんから、大いに論理力の練習問題にしてください。

ちなみに、学校や塾では、「符号を計算した後に、数字の計算をする」という「順番」で計算訓練をさせます。これは、人間の脳ミソが同時に複数のことを考えるのが苦手で、ミスが発生しやすくなるからです。非常に理に適っています。

これまた仕事でも同じで、同時にいろいろ気を配りすぎてミスをした経験があるかもしれませんが、こういうことも数学から学べます。

ミスの減らし方については第4章で詳しく書きましたが、**「正しい順番で繰り返す」**のが最大のポイントです。数学では当たり前のことが、日常でいかせているでしょうか?

このように考えると、数学が日常や仕事に役に立つという話が止まりません。「テストのための勉強」ではなく、**人生の教養として数学を学び直す**と、非常に役に立つのです。

## 中1の図形がカンタンな理由

　では、「正の数と負の数」だけではなく、図形にも触れておきましょう。

　中学数学は、代数と幾何の分野に分かれています。代数分野では「正の数と負の数」や「1次方程式」「比例と反比例」などを扱い、幾何分野では「平面図形」と「空間図形」を扱います。

　さて、みなさん、中1の図形の内容を覚えているでしょうか？

　恐らくほとんどの人は、内容をあまり覚えてないのではないかと思います。

　それはなぜかというと、記憶が遠いからということもあるかもしれませんが、大きな理由は**「小学生のときと、ほとんど同じだから」**ではないでしょうか。

　実は、この単元、小学生の頃に習ったことがたくさん再登場します。

　点、直線、角、円錐、三角錐などの図形の名前も登場しますし、立体の表面積や体積、展開図なんかも登場。小学生の頃に習ってないのを探すほうが大変なくらいです。

　もうおなじみの**「同じものは覚えなくてもよい」**法則があります。

　わかっていることや知っていることを、何度も説明されると、

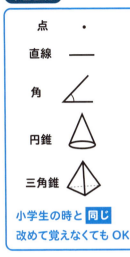

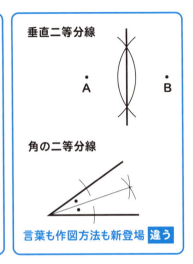

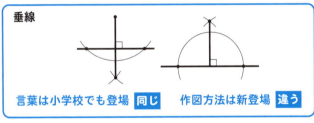

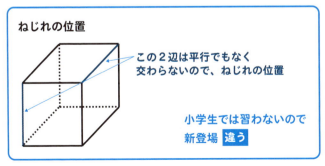

印象にも残りませんし、面倒だとか、つまらないと感じます。だから普段、生徒と話していて、中1の図形で何を習ったかを聞いても、ピンとこないようです。

　つまり、ザックリと中1の図形は、小学生と**「同じ」**だと思っていればよいのです。

　では、**「違う」**のはどこかというと、例えば作図の問題でしょう。

　小学生の頃にも、定規やコンパスの使い方は習いますが、使い方止まりです。しかし、中1ではルールが厳密に決められた作図の問題を解くことになります。

　このときに習うのが、垂直二等分線の作図方法、角の二等分線の作図方法、垂線の作図方法の3種類です。また、垂直二等分線と角の二等分線という言葉は、中1で新登場なので、ここも小学生と**「違う」**ところです。

　ほかの例として、印象が強いのは「ねじれの位置」でしょうか。

　空間の中で、交わらないし、平行でもない直線同士を「ねじれの位置」にあると表現するのですが、これも小学生のときには登場しなかった単語です。

　この作図とねじれの位置の話題は、生徒に聞いても印象的だったと答えます。新登場した内容だからです。

　このように、小学生の頃と、何が同じで、何が違うかを意識して学べば、頭の中が整理されます。すでに知っている知識と「同じ」ならば、肩の力を抜いてよく、いままで習ったことと「違う」ところが出てきたら集中して学ぶ。

　緩急のついた学び方をするのがポイントです。

# 「同じ」「違う」「順番」の実践例
## ──結果の出し方

　せっかくなので、「同じ」「違う」「順番」を利用した実践例をご紹介します。

　私は家庭教師をしたり、塾を運営したりしているのですが、数学の内容や英語の内容を教えるばかりではありません。

　というか、むしろ科目の内容を教えること以上に、生徒の学習管理やアドバイスを重視しています。生徒が選手ならば、私は監督やコーチ、だから、やっていることはコンサルティングやコーチングなどに近いかもしれません。

　その中でも**とくに大切にしているのが、計画です**。仕事もそうですが、勉強でも成果を出すためには、計画が肝になります。

　計画を言い換えると、仕事の**「順番」**を決めることです。計画の立て方と実行の仕方で、成功するかどうかが、ほとんど決まってしまいます。とくに定期テストのように短期で成果を出す必要があるときには、絶大な効果を発揮します。

　その方法をご披露しましょう。

　まず、テスト対策期間に入ったら、計画を立てさせます。私が立てたほうがよい計画になるだろうと思うかもしれませんが、人に与えられた計画は破りやすいものです。なるべく生徒に立てさせ、私はポイントをアドバイスするだけにします。もちろ

ん、結果が出そうなレベルになるまでは口出ししますが。

そして、テストを受けた後にも恒例行事があります。

まず、受けたテストの問題と解答用紙をすべて見せてもらいます。見せてもらうというのは、点数と平均点を見るのではなく、全科目の全問題に目を通すということです。

その上で間違えた問題に関して「なんで間違えたの？」と質問します。因果関係、つまり**「順番」を聞いているのです。**

全科目のすべての問題に関してヒアリングが終わったら、次は反省タイムです。

これも主に生徒に自分で反省させますが、私が気づいたポイントも挙げつつ、まとめてもらいます。反省というと、ダメだったポイントを列挙することが多いですが、これはよくありません。**①よかった点、②悪かった点、③悪かった点に対する改善策**の３点を必ず分けて書かせます。

作業が終わったら、それを後で閲覧できるよう、専用のノートやファイルに整理してまとめて終わりです。

これで１つのサイクルなのですが、計画を立てる段階や、実行中、結果が出た後などで、私が生徒に投げかける定番の質問があります。

- 今回つくった計画は、どのような考え方（思考の順番）で立てているのか？
- 前回の計画から工夫した点（違う）はどこか？
- 前回の反省点を生かした部分（違う）と生かしきれなかった部分（同じ）はどこか？

この質問のポイントは、どこにあるでしょうか？

## 自分の行動を論理的に決定しよう！

　論理の反対語として、よく「感情」とか「直観」「情緒」などの言葉が用いられます。私もまだ修行中ではありますが、みなさんは普段、自分の行動をどれくらい理性や論理で決めているでしょうか。

　恐らく、つい食べたいものを手に取ってしまったり、眠くなったら寝てしまったりと、感情や欲求に左右されてしまうことも多いのではないでしょうか。

　ご紹介した計画の立て方のポイントは、**過去の計画と今回の計画を比較し、自分の行動を論理的に決めている**ことです。

　計画は論理的なもののように思えて、意外と直観的に「エイヤッ！」と決めてしまうことがあります。しかし、先ほどの3つの質問を生徒に投げかけることで、直観で決めてしまったことを取り除き、論理的な計画に変えます。過去の反省を踏まえて改善を繰り返すことで、限りなく理想の状態に近づけられるのです。

　私は常々、「自分に100点を出すな」と言っています。テストで100点を取るのは喜ばしいことですが、自分に100点を

出すのはよいことではありません。

　自分に99点の高得点をつけてもよいし、まったくダメだったから5点をつけることもあるでしょう。しかし、**自己採点が100点になったら成長が止まります**。常に反省と対策を繰り返し、工夫することが大切です。

　そのためには、前回と**「同じ」ことをしてはいけません**。失敗してもいいから工夫をします。前回と**「違う」ことを試してみて、「同じ」失敗を繰り返さない**ようにするのが、勉強においても基本中の基本です。

　これは仕事とまったく「同じ」だと思います。実際、私が社会人になってから身につけた方法を、受験勉強にも当てはめたらうまくいっただけのことです。

　**工夫して、失敗して、改善して、前回と「違う」アプローチをした上で、前回と「違う」結果を得る**。このサイクルを自然に行えるようになると、大きな成果が出せるようになります。

### この章のまとめ

- 論理的な思考法は「同じ」「違う」「順番」
- 法則を見つけること＝抽象化＝帰納法
- 法則を当てはめること＝具体化＝演繹法
- 「同じ」ものは覚えなくてもよい
- 計画は「順番」を整えること

第 3 章

# 中1数学で
# 言語力を鍛えよう

## 「2＋3＝5」の衝撃!!

　本章では言語力を学びます。数学なのに！
　言語力をつけるなら、実際に国語や英語を勉強したほうがいいだろうと思う人も多いでしょう。しかし、日本語も英語も言語なら、数学も言語。無意識に使っているものを分析すると、見えてくるものがたくさんあるものです。
　試しに、この数式を見てください。

「2＋3＝5」

　なんの変哲もない足し算ですが、これが**「数学」という言語を使って書かれた文**だということにお気づきでしょうか？
　私たちは学校で「数学が言語だ」と教えられずに過ごしているので、ほとんどの人が気づいていませんが、**数学は言語**です。
　考えてみれば、2や3は、平仮名でもなければ片仮名でもない。もちろん漢字でもありません。アラビア数字という名前の記号です。
　日本語には漢数字があります。一、二、三、四……という記号です。この漢数字は日本でしか通じません。アメリカに行って、五と書いても読んでもらえません。
　しかし、「2＋3＝5」という数式は、日本だけではなく、

世界各国で通じます。だから数学は国際語だと言われることもあります。「2＋3＝5」は日本語とも言い切れないし、英語とも言い切れません。それらとは別の言語というしかないのです。

　私からしてみると、「二足す三は五」という日本語を、数学の言語のルールに従って「2＋3＝5」と書いているので、**翻訳のように見えます。**
　同様に、例えば英語では「Two plus three is five.」と書くのですが、計算するときは数式で「2＋3＝5」と書いて計算します。
　このように、数学は紛れもなく言語なのです。

## セクシー素数をご存じですか？

　突然ですが、**「セクシー素数」**という言葉をご存じでしょうか？
　なんとも興味をそそられる言葉。素数がセクシーとは、いったいどういうことなのでしょう。
　「セクシー」の前に、まず**「素数」**を説明します。
　素数とは「1と自分自身以外では割り切れない数」と定義されます。ややこしいので、直観的には、どんな数でも割り切れない数だと思ってください。

7は2で割っても3で割っても割り切れないので素数ですが、12は2や3や6で割り切れるので素数ではありません。
　このルールに従って素数を小さい順に並べると、

　2、3、5、7、11、13、17、……

となり、このまま無限に続きます（1は素数ではないという決まりがあります）。

　さあ、素数がわかったところで、本命の**「セクシー」**の説明に行きましょう。
　セクシー素数とは、差が6になる素数同士のことです。上に挙げた素数の中にもセクシー素数が隠れています。
　例えば、11－5＝6なので、5と11がセクシー素数です。ほかにも、7と13、11と17、17と23なんかもセクシー素数です。
　しかし、みなさん、こう思ったのではないでしょうか？
「なんでセクシーなんだ？」
　確かに、差が6だと言われても、セクシーさは感じません。
　もちろん、理由があります。
　セクシーの理由は、ラテン語で6のことを「sex」と書くからだそうです。
　調べたわけではありませんが、英語では6のことをsixと書くことから予想するに、英語のルーツにあたるラテン語では、sixではなくsexだったということでしょう。
　ちょっと肩透かしを食らったような感じかもしれませんが、

うんちく話として使ってください。

　さて、いま紹介した「セクシー素数」のように、数学にはたくさんの専門用語が登場します。因数分解、連立方程式、三角関数、サイン・コサイン・タンジェントなどは、学校に通っていたときに習ったと思いますが、数学用語は難しいという印象がある人も多いでしょう。
　そのとおりです。いくら数学が論理の学問だといっても、**用語の意味を知らないと、まったく理解できません。**
　これは英単語がわからなくて英語が読めないのと、まったく同じです。数学の単語を覚えないと、数学の問題が解けません。
　因数分解という言葉が、何を意味するのかわからなければ、問題が解けないのは当然です。
　理系で東大に合格するような、数学が得意な学生さんでも、大学の数学の教科書を見て、みんな頭を抱えています。なぜなら、新しい言葉や概念が次々と登場して、教科書が理解できなくなってしまうからです。
　ということで、やはり**数学は言語**なのです。

## 数学にも文法の勉強がある

　お遊びで、「2 + 3 = 5」を自由に書き直してみたらどうでしょうか？

「2」や「3」はアラビア数字という記号の一種です。これをすべて漢数字の二や三にしてみましょう。プラスの記号の代わりには「＆」を書き、＝は片仮名で「イコール」と書きましょう。

「二＆三イコール五」

　ものすごく勘の鋭い人なら、なんとか読み取ってもらえそうな気がしますが、答案に書いたら容赦なくバツです。
　もちろん、大学入試などでこう書いても通じませんし、数学の国際学会で書いた日には、世界中からバカにされるでしょう。
　というように、いくら内容が正しくても、正しい記号を使って書かないと認めてもらえません。つまり、**数学にも文法があります。**
　小学校の算数の授業で、次のようなやり取りをしたことはないでしょうか。

「2個のリンゴに、3個のバナナを加えたら、全部で何個ですか？」
「ハイ、5個です」
「では、いまの計算をノートに書いてみましょう」

　これがまさに数学の文法の授業です。
「足すときは＋の記号を使いましょう。数が等しいときには＝の記号を使いましょう」
　これは、数学の文法の説明です。英語で、単数形のときには

「is」を使うけど、複数形のときには「are」を使うんだよ、と教えているのと大差ありません。

英語の文法の授業では、どんなことを習ったでしょうか？
過去形、現在進行形、関係代名詞、疑問文などなど、たくさん単元があって1つずつ習ったと思います。
一方で、数学の単元は文法で区切られていません。○○方程式とか、○○関数というような、別々の計算方法が並んで構成されています。
しかし、数学には文法を学ぶためだけの単元が存在するのです。
それが、「正の数と負の数」の次に習う**「文字と式」**です。

何も考えないと「計算分野」だと思ってスルーしてしまいますが、実は数学の文法を導入するのが目的の単元です。だから、この単元は、非常に言語的です。
そして、いままで意識したことがない「数学が言語だ」という視点から眺めてみると、**言語の本質に迫ることができます。**
ということで、さっそく詳しく見ていきましょう。

## 数学の文法は複雑？

「文字と式」の単元の一貫したテーマは、数学をアルファベッ

トで記述することです。

いままで、「2＋3＝5」のように、アラビア数字と＋や＝の記号で書かれていた数式を、a、b、cで書いていくことになります。

では、数学での文法はどのようなものなのでしょうか。まず最も簡単なルールからです。

### 文字式の符号のルール

＋a ＝ a
－a

**同じ**
正負の数と同じで、＋の記号は省略。
－の記号は省略しない。
ちなみに、小学生のときと同じ（第2章を参照）。

これは非常に簡単です。正負の数のときと「同じ」で、数式の一番はじめのプラスは省略、マイナスは残します。さらにいえば、「小学生のときと同じ」だというのも第2章に書きました。**「同じものは覚えなくてもよい」法則があるので、スルーしましょう。**

次のルールです。

1 × a ＝ a
－1 × a ＝ －a
2 × a ＝ 2a
－2 × a ＝ －2a

**同じ**
はじめの＋は省略

**違う**（新ルール）
①掛け算は省略
②文字の前の1は省略

これまでと「同じ」ルールなのは、プラスの記号を省略することです。くどいようですが、小学生のときと同じルールなので、新しく覚える必要はありません。
　しかし、新ルールが登場します。

**文法その①　掛け算は省略する**
**文法その②　文字の前の1は省略するけど、1以外は省略しない**

　新ルールなので、これまでと**「違う」ことを覚えなければなりません。**「同じ」は覚えなくてよいですが、「違う」は覚える必要があります。
　さらにもう1つ。

b × 2 ×(−a)× b ＝ −2ab²

**違う（新ルール）**
**③何度も同じ数を掛けたら**
　**累乗で表す**
**④1乗は省略**

**順番**
**⑤左から符号→数字→文字**
　**の「順番」で書く**
**⑥文字は左から**
　**アルファベット順で書く**

　さあ、また新ルールが登場します。

**文法その③　何度も同じ数を掛けたら累乗で表す**
**文法その④　1乗だけは省略するが、それ以外は省略しない**

このルールもこれまでと**「違う」**ルールなので、覚えなければなりません。さらに、ルールがあります。

**文法その⑤** 左から符号→数字→文字の「順番」で書く
**文法その⑥** 文字は左からアルファベット順に書く

この２つは、数字や文字を書く**「順番」を決めたルール**です。
さあ、覚えなければならないルールがたくさん登場しました。
英語でもたくさん文法が登場しますが、数学でもたくさん文法を覚えなければならないのです。
数学が言語だというのが本書の主張なのですが、こういう面倒なところは似てほしくないもの。なんとかならないのでしょうか。

## 便利すぎて手放せなくなる文字式

実は、なんとかなります。
先ほどたくさん登場した文法のルールも、やみくもにつくられたものではありません。この結果になったのには理由があります。つまり、**因果関係（順番）がある**のです。そして、その理由を知ると、むしろ使いやすくて便利に思えてきます。
そのルールを紹介する前に、ちょっと脱線させてください。

硬い話が続いたので、肩の力を抜いて、気軽に次のイラストをご覧あれ。

©Noda Akimi

　壁に手を突く男の子と、迫られてトキメク女の子がいます。
　何を表しているかというと、そう。
「壁ドン」です。
「壁ドン」は、2014年のユーキャン新語・流行語大賞のトップテンにも選ばれたように、最近使われ出した単語です。
　いまでこそ「壁ドン」といえば、誰もが共通してイラストのようなシチュエーションを思い浮かべますが、もし「壁ドン」という言葉がなかったらどうでしょう。
　会話するときに、イチイチ「男の子が手を壁について女の子に迫り、女の子がキュンとするヤツ」といった具合に、長々と説明しなければなりません。
　これでは、非常に面倒くさい。やはり「壁ドン」という単語があるからこそ、便利に会話ができて、みんな同じものを思い浮かべられます。

言葉というのはドンドン新しいものがつくられます。**名前をつけると便利**だからです。

数学でも、まったく同じです。
便利にするために、名前をつけることがよくあります。
代表例が「円周率」です。ご存じのとおり、πという文字を使います。
しかし、もし円周率をπで表す決まりがなかったら、どうでしょうか？
円周率は小数で表すと、3.14159265……と無限に続く数です。イチイチ 3.14159265……と毎回書くでしょうか。
わかりづらいし、書くのが面倒だし、長いし、よいことがありません。
では、「円周率」と毎回漢字で書くのはどうかというと、これも面倒くさい（それに、数学っぽくない）。
**だから、πで書くという決まりをつくって、便利に使える工夫をしている**のです。

同様に、中1からは円の半径をrで表すのが一般的です。
小学生のときには「半径」と漢字で書いていたものを、rだけで表現できると、とても便利です。
また、面積は$S$、長さは$\ell$で表すのが一般的です。
よって、小学生のときには、「円の面積＝円周率×半径×半径」と書いていたものが「$S = \pi r^2$」と表せますし、「円周の長さ＝円周率×直径」は「$\ell = 2\pi r$」と表せます。

どちらが楽で便利でしょうか？
絶対に、**文字式**のほうです。

## 法則はどんどんカンタンになる

　気まぐれで壁ドンの話に脱線したと思ったかもしれませんが、ちゃんと意味があります。先ほど登場した、「$\ell = 2\pi r$」の式をご覧ください。

　実は、この式を「$\ell = \pi 2r$」と書いてはいけません。$\pi$ は2の後に書くという文法ルールがあります。

$$\ell = 2 \times \pi \times r \text{の表し方は}$$
$$\ell = 2\pi r \quad \bigcirc$$
$$\ell = \pi 2r \quad \times$$
$$\ell = 2r\pi \quad \times$$

なぜ？

　先ほど**「順番」**として、**「符号→数字→文字」**のルール（文法その⑤）を紹介しましたが、$\pi$ が絡んだときだけ変わります。

　**文法その⑦**　$\pi$ が登場したときは、符号→数字→$\pi$→文字の「順番」で書く

あぁ、さらにややこしくなってしまいました。

しかし、これですべてです。

ここから、いろいろなルールが統合されていきます。手始めに、次のルールを見ていきましょう。

**文法その⑤　左から符号→数字→文字の「順番」で書く**
**文法その⑦　$\pi$ が登場したときは、符号→数字→$\pi$→文字の「順番」で書く**

第2章でも、小法則から大法則を探す話をしましたが、探し方はもちろん**「同じ」「違う」「順番」**に注目することです。

文法その⑤と文法その⑦で、**「違う」**点は、$\pi$ が登場するかしないかで、符号→数字→文字の「順番」で書くことは**共通**しています。

ということは、そもそも文法その⑤はなくてもかまいません。$\pi$ が登場したときだけ、数字と文字の間に書けばよいのです。よって、文法その⑦が、文法その⑤を吸収してしまいます。

また、なんとなく気づいていると思いますが、**符号は常に一番左**に書きます。

これは、数学では絶対のルールです。

少しだけ細かい話をすると、符号だけは特定の値を表していません。

数字の 2 や $\pi$ の 3.14……というのは、数字の大きさがありますが、プラスやマイナスは数ではないのです。よって、これ

だけ**「違う」**もの、つまり仲間外れですから、特別扱いをして、常に一番左に書きます。

　残りの数字、π、文字の書く「順番」はどうでしょうか。

## 「理由を考える」法則

　第２章で、「同じものは覚えなくてもよい」法則を紹介しましたが、第３章でももう１つ法則を登場させましょう。

**「理由を考える」法則**です。

　意味がわからないものが登場したとき、考えることなく「ふーん、そういうものなのか」と丸暗記することがあると思います。しかし、できれば、その背景に隠れている理由を考えてほしいのです。
　そのヒントが**「同じ」「違う」「順番」を使って考える**ことです。
　このとき、真実の理由を当てなくてもかまいません。書籍やインターネットを使って調べるのもよいのですが、（人に教えるのでなければ）自分が納得できる仮説で十分です。
　第１章で「勉強はストーリーの理解と暗記」であると書きましたが、大切なのは**頭の中でストーリーにする**ことなのです。

　では、これを踏まえて、文字式の話に戻りましょう。

文字式の文法では、なぜ、数字→π→文字の順で書くのでしょうか？

　1本の補助線を引いてみます。

「左からハッキリわかる順番」で書くというものです。

　数字の2は、誰もがハッキリとわかる値です。

　しかし、πは3.1415……という値だとはわかっていますが、「……」の細かい部分は、よくわかりません。とにかくずっと続くことだけはわかっていますが、2に比べると不明確です。

　そして、半径の$r$は、まったく値がわかりません。半径が1なのか、2なのか、はたまた100なのかは、場合によって変わります。よって、$r$が一番不明確です。

　したがって、数字→π→文字の順で不明確になっているため、**「左からハッキリわかる順番」**に書くのです。

　　**文法その⑧　左からハッキリわかる順に書く**

　これで、文法⑤と⑦が、新たな⑧に吸収されて1つになりました。

　小法則から大法則が発見（抽象化＝帰納）されました。これで「数字と文字はどっちが先だっけ？」と悩む必要もありません。

　個別の小さな例を1つ1つ見ていくと、複雑なルールに見えます。しかし、よく考えてみると、実はその背景に意味があるし、1つのルールになっているのです。

　数学では、このようなことが頻繁に起こります。

　これは偶然でしょうか？

## シンプルイズベスト

　偶然ではありません。

　**数学がシンプルさを大切にする言語**だから、必然的に起こっているのです。

　シンプルという言葉がわかりづらければ、「無駄を省く」と読み替えてもかまいません。数学では、**最小限の手間で表現する法則**があります。

「2 + 3 = 5」を思い出してください。「二足す三は五」や、「Two plus three is five.」と比べて、どれが最もシンプルでしょうか？

　圧倒的に「2 + 3 = 5」でしょう。

　書くときの画数も少なく手間もかからず、必要な情報がすべて盛り込まれていて、非常にシンプルです。

　そして驚くのはまだ早いです。ここからが本番です。

　これまで、たくさんの文法が登場しました。

文法その①　掛け算は省略する
文法その②　文字の前の1は省略するけど、1以外は省略しない
文法その③　何度も同じ数を掛けたら累乗で表す
文法その④　1乗だけは省略するが、それ以外は省略しない

~~文法その⑤　左から符号→数字→文字の「順番」で書く~~
文法その⑥　文字は左からアルファベット順に書く
~~文法その⑦　πが登場したときは、符号→数字→π→文字の「順番」で書く~~
文法その⑧　左からハッキリわかる順に書く

※文法その⑤とその⑦は、文法その⑧に吸収されています。

では、ほかの法則はどうでしょう？

**文法その①　掛け算は省略する**
これは、×を書かなくても、全員が省略されているとわかっていれば書く必要がありません。だから、書かないのです。書かなくてもわかるものは無駄とみなします。

**文法その②　文字の前の1は省略するけど、1以外は省略しない**
これも、何も書いてなければ、1が省略してあると思えばよいのです。わざわざ1を書く手間が無駄です。

**文法その④　1乗だけは省略するが、それ以外は省略しない**
同様に、これも手間を増やすだけだから書きません。

**文法その⑥　文字は左からアルファベット順に書く**
**文法その⑧　左からハッキリわかる順に書く**
この2つも、誰でも知っているアルファベット順や、誰でも

わかる"ハッキリ順"を使えば、新しい順番を覚える必要がなくなります。

　ということで、結局、8つもあった法則が**「シンプルに書く」という1つの大法則に吸収されてしまいました。**
　数学では「シンプル」に表現しようという意識でさまざまな文法ルールをつくっています。
　そして、われわれはその細々としたルールばかり説明され、「シンプル」に表現するとか、数学は言語だという側面を説明されません。だから覚えるのが面倒だし、面白くもないのです。
　そのときでも**「同じ」「違う」「順番」を使い論理的に考えると、見えなかったものが見えてきます。**
　数学が言語だというのが、かなりわかってきたと思います。さらにもう一歩踏み込みます。

## 中1数学では「表現力」も学べる

　数学から学べる言語力は、文法やシンプルさだけではありません。
　次は、**「表現力」**を学びます。
　フィギュアスケートならともかく、数学で表現力なんて、またイメージできないかもしれませんが、実は数学では**表現力がとても大切**です。

第3章　中1数学で言語力を鍛えよう　　69

例えば、本章の冒頭で紹介した「2 + 3 = 5」だけでも、いろいろな表現ができます。
　私たちは普通、数式を左から右に読みます。2 + 3 = 5と書かれていたら、「2に3を加えると5になるんだな」と、**無意識にストーリーにして読み取っています。**

　小学生の問題のようにするなら、「2個のリンゴがありました。3個のリンゴを加えたら、全部でいくつになるでしょう？」となるでしょう。はじめに3個のリンゴがあって、2個のリンゴを後から加えるイメージにはならないと思います。
　2と3の位置を入れ替えて、「3 + 2 = 5」にしても、**正しい数式**です。
　こうすると、「3個のリンゴがありました。2個のリンゴを加えたら、全部でいくつになるでしょう？」という問題に変わります。
　事実として「2と3を合計すると5」なのは変わりませんが、それを「2 + 3 = 5」とするか、「3 + 2 = 5」とするかで、**微妙に意味が変わる**のです。

　さらに言えば、＝の左と右を入れ替えても、数式は正しいままです。
「5 = 2 + 3」ならば、今度は5を分解して2と3に分けるストーリーが頭に浮かびます。
　数式としてはすべて正しいし、同じ事実を表しているのですが、「2 + 3 = 5」と書くか、「3 + 2 = 5」と書くか、「5 =

2 + 3」と書くかで、意味合いが微妙に変わります。

このように、数学は「表現力」を非常に大切にした科目なのです。

しかも数学では、**表現の仕方によって、問題の難易度が天と地ほど変わる**ことが多々あります。ある表現では、計算がものすごく複雑になるけど、別の表現をしてみたら簡単になった、なんてことは日常茶飯事です。

何げなく目で追っている数式でも、**書いた人の主張や意図が込められている**のです。

## 表現力の例① 交換法則

一番わかりやすい例は、交換法則でしょう。

交換法則というのは、先ほどやった**足し算の「順番」を変えてもよい**、という法則です。「3 + 5」の3と5の位置を入れ替えて、「5 + 3」としてもよい（3 + 5 = 5 + 3）ですし、「4 + 8 = 8 + 4」としてもよい、というものです。

これを、文字式を使って**「シンプル」**に**「表現」**してみましょう。

中1数学になると、数字を使わずにアルファベットを使うようになります。これまで、3とか4とか数字にしていたものが、アルファベット1文字で表せます。

つまり、交換法則を使うと、「$a + b = b + a$」とだけ書けば

よいのです。これで、**あらゆる数字（小数でも分数でも）で交換法則が成立する**ことが「表現」できました。

$$\begin{cases} 3+5 = 5+3 \\ 4+8 = 8+4 \\ 0.1+0.7 = 0.7+0.1 \\ \dfrac{2}{3}+\dfrac{1}{7} = \dfrac{1}{7}+\dfrac{2}{3} \\ \vdots \end{cases} \Rightarrow \boxed{a+b = b+a}$$

あらゆる数字の入れ替えが

文字式を使えばたった１本の式で「シンプル」に「表現」できる

　では、交換法則を使うと、どのような効果があるでしょうか。例えば、算数の足し算でも十分効果が出ます。
「3 + 9 + 7」の計算をするときに、まず「3 + 9」を計算して 12 にし、「12 + 7」を計算して 19 とすることもできますが、「3 + 9 + 7 = 3 + 7 + 9」と、7と9の位置を入れ替えれば、「3 + 7 = 10」が見えて、計算が楽になります。

「いや、そんなことは知っているし、できるよ」と思うかもしれませんが、意外とできていないのです。
　よく、「うちの子は計算ミスが多いんです」とか「計算ミスをしないようにするには、どうしたらいいですか」という相談

を受けます。たいていの原因は次の3つです。

　①**無駄な計算をしている（省ける計算を省かない）**
　②**わざわざ難しい計算をしている（工夫をしない）**
　③**まだ秘密（第4章で詳しく説明します）**

　いまは交換法則を使う前提で読んでいるので、簡単に気づけるかもしれませんが、テスト中にできるかどうかは別物です。
　こういう基礎的で簡単な作業が、とっさのときや焦っているときでも手足のように使いこなせるかどうかで、成績が分かれてきます。**できる人はいつでも工夫する**のが当たり前なのです。
　入試問題によっては、1問を解き終えるのに数十回、数百回（いや、もっとかもしれない）も計算をします。得意な子は数百回も楽な計算をし、苦手な子は数百回も面倒な計算をするのですから、差がついて当然です。
　ちょっとした**数式の「表現力」で、大きな差がつく**のです。

## 文字式の足し算・引き算もカンタン

　この交換法則は、文字式でも通用します。交換法則を説明する前段階として、次の式をご覧ください。

$$3x+4x=7x \quad ax+bx=(a+b)x$$
$$3x-5x=-2x$$

**同じ**
・正負の数と同じ
・プラス省略　マイナス残す

**違う**
・$x$ がくっついている

　足し算も引き算も、正負の数の計算と**「同じ」**です。「$3+4=7$」だし、「$3-5=-2$」なので、新たに学ぶことはありません。**スルーしましょう。**

**「違う」**のは、$x$ が混じっていることですね。$3x$ や $4x$ のように、数字に $x$ がくっついています。

　しかし、なにか難しいことがあるでしょうか？ $x$ がくっついていても、いままでと**「同じ」**計算をすればよいのです。よって、なにも難しいことはありません。**これもスルーしてよいで**しょう。

　では、交換法則の登場です。

$$4a-2-8a+5$$
$$=4a-8a-2+5$$
$$=-4a+3$$

**同じ** **順番**
・計算する順序の入れ換え
　（交換法則）
　は小学生のときと同じ

**違う**
・$a$ のある部分とない部分の間の
　符号は省略しない

今度は、$-2$ と $-8a$ の位置を入れ替えて（**「順番」を変えて**）計算しています。この計算のポイントは、a というアルファベットがあるものと、ないもので分けて計算することです。a があるもの同士（同じ）と、ないもの同士を隣り合わせにするために、**交換法則を使って「順番」を変えている**のです。

　これが、新たに登場したルール（**「違う」**）であり、これ以外は小学生のときと**「同じ」「順番」**で計算してかまいません。

　ほかにも**「違う」**点として、プラスの省略が行われていないこともあります。これは、

**文法その①　掛け算は省略する**

と混同してしまうからです。

　もし、「$-4a+3$」の＋を省略してしまうと、どこから掛け算のカタマリで、どこから足し算のカタマリなのかがわからなくなってしまいます。

　掛け算は省略してもよいけど、それ以外を省略すると、何を省略したのかわからなくなってしまうので、省略禁止なのです。

　よって、今回の**省略禁止のルールも、覚える必要はありません。**

## 表現力の例②　公式や法則が表現できる

　では、次の例に行きましょう。

文字式の表現力で最もすごいのは、法則や公式を表現できることだと思います。

**（三角形の面積）＝（底辺）×（高さ）÷２**

⇩

$$S = \frac{ah}{2}$$

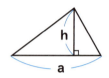

**（円の面積）＝（円周率）×（半径）×（半径）**
**（円周の長さ）＝２×（円周率）×（半径）**

⇩

$$S = \pi r^2$$
$$\ell = 2\pi r$$

　交換法則の説明のところでも出ましたが、数字を文字式に置き換えることで、あらゆる場合を**１本の式で「表現」することができます**。つまり、文字式を使うことによって、公式や法則が「シンプル」に「表現」できるようになるのです。
　言い換えれば、文字式は"抽象化"が大得意だということです。

　小学校では、「（三角形の面積）＝（底辺）×（高さ）÷２」と習いました。別に、これが数学として問題があるわけではありません。

しかし、アルファベットを使うと、「$S = \dfrac{ah}{2}$」で済みます。

**どちらが「シンプル」に「表現」できている**でしょうか？

もちろん文字式を使うほうです。長方形の面積は「$S = ab$」、正方形の面積は「$S = a^2$」と書けば、あらゆる場合が「表現」できます。

すでに登場した円に関連する公式も同じです。

円の面積公式は「$S = \pi r^2$」で、円周の長さの公式は「$\ell = 2\pi r$」でしたが、これも日本語で（円の面積）とか（半径）と書くよりも、$S$ とか $r$ と書くほうが圧倒的に「シンプル」です。

面積はいつも $S$ で表す、高さはいつも $h$ で表す、というルールを決めておけば、限りなく少ない文字数で、あらゆる場合に対応して「表現」できるのです。

# 表現の仕方が運命を左右する

少し前に、数学では表現の仕方によって問題の難易度が変わるということを書きましたが、その例を挙げます。

次の問題を見てください。

一周の長さが 10cm の長方形があります。
この長方形の面積を文字式で表しなさい。

この問題の解法を2つご紹介します。
まず1つ目の解法（解法①）は、**文字を2つ使って「表現」する解法**です。

# 解法①

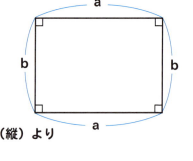

**周の長さの条件から**
**a＋b＋a＋b＝10**
**つまり**
**2a＋2b＝10**
（縦＋横＝5と考えて
　a＋b＝5でもよい）
（長方形の面積）＝（横）×（縦）より
　　　　S＝a×b

よって　　S＝ab
ただし 2a＋2b＝10
　　　（a＋b＝5）

　長方形の横の長さを$a$、縦の長さを$b$とします。周の長さが10cmですから、「$a+b+a+b=10$」を計算して「$2a+2b=10$」という関係式ができます。

学校の数学の授業では、「1次方程式」の単元で習う計算方法（115ページ参照）を使って、「$a + b = 5$」としたほうがよいと教わるかもしれませんが、いまは「$2a + 2b = 10$」が理解できればかまいません。

そして、長方形の面積は前節でもやりましたが、「$S = ab$」（面積＝縦×横）です。

よって、「$2a + 2b = 10$ または $a + b = 5$」と、「$S = ab$」という2本の式を書けば正解です。

もう1つの解法（解法②）は、**1種類の文字しか使わない方法**です。

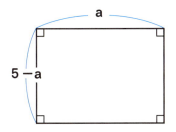

**解法②**
縦＋横＝5で
横をaとすると縦は5－a
なので
S＝a（5－a）

周の長さが10という情報から、「$a + b = 5$」という式が得られましたが、これは、縦と横を足したら5cmだということを表しています。ということは、縦の長さは5cmから横の長さ $a$ を引いても表現できます。

つまり、横の長さを $a$ と置き、（解法①では $b$ と置いた）縦

の長さを $5-a$ と表現してもよいのです。

すると、面積は「$S = a(5-a)$」と表現できます。

いま、2つの解法をご覧いただきましたが、どのような**「違い」**があるのでしょうか？

「違う」点は、解法①は**2種類の文字と2本の式**で「表現」し、解法②は**1種類の文字と1本の式**で表現している点です。どちらがシンプルかといわれれば、解法②のほうでしょう。

しかし、解法①では $a+b$ と $ab$ という、シンプルな式が登場しています。対して解法②は $a$ と $5-a$ で表現されていて、少しいびつさがあります。この意味では、解法①のほうがシンプルと言えるかもしれません。

ということで、どっちもどっちなのです。

実際、中学数学では、どちらの解法も習います。解法①は中2の連立方程式で扱う表現方法で、解法②は中1の1次方程式で理解できますが、後の計算方法は中3で習います。

扱う単元が違うということは、解法が違うということ。実際、$a$ と $b$ の2種類の文字で解くか、$a$ の1種類の文字で解くかで天と地ほど難易度が変わる入試問題もたくさんあります。ということは、数式のちょっとした表現の仕方一つで合否が分かれ、運命が左右されてしまうのです。

だから、数学を学ぶと、**どう表現しようかとても気にすることになります。**

# 文字式の凄まじい威力

では、**文字式の凄まじい威力**をご紹介しましょう。
またもや、問題です。

 **偶数と偶数を足したら、答えは偶数でしょうか？
奇数になるでしょうか？**

恐らく、みなさん、簡単に答えられるでしょう。頭の中で「2＋4」や「6＋8」を計算してみればわかります。
そう、答えは偶数です。

しかし、どんな偶数同士を足しても、必ず偶数になると言い切れますか？
確かに、「2＋4＝6」なので、結果が偶数になります。「6＋8＝14」なので、これも偶数です。しかし、あらゆる偶数と偶数を足しても、答えが偶数になることは示せていません。
お気づきのとおり、ここで登場するのが、**あらゆる場面を「表現」できてしまう文字式**です。さあ、どうやって証明するのでしょうか？

## あらゆる偶数をたった2字で表す

そもそも偶数ってなんでしょうか？
確認するまでもなく、2の倍数のことです。
そして、2の倍数を文字式で表すと、$2n$となります。
さらっと書きましたが、この時点で**かなりすごいことです**。
例えば、10という偶数は、「2×5」だから偶数です。これは、$2n$の「$n=5$」の場合を表しています。
18は「2×9」なので、$2n$の「$n=9$」の場合を表しただけです。
このように、$n$に好きな値を代入すれば、あらゆる偶数が表せるのです。
もし、文字式を使わなければ、

2＝2×1
4＝2×2
6＝2×3
8＝2×4

……といったように、1つ1つ表記しなければなりません。しかし、偶数は無限にあります。無限に続く数を、すべて紙の上に書くことは不可能です。

しかし、どれだけ努力しても、どんなに大きな紙を用意しても不可能なことが、**文字式を使えば、たった2字で表せます。**

$2n$ というのは、そういう意味です。

たった2字で、これだけのことを「表現」できているなんて、なんとシンプルなことだと思いませんか。

## 「偶数＋偶数＝偶数」をたった1行で証明する

では、「偶数＋偶数＝偶数」の証明をしてみましょう。

先ほど、偶数は $2n$ と表せると言いました。よって、紙に $2n$ と書きます。

続いて、もう1つの偶数を足すので、$2n$ と書きたくなりますが、ちょっとお待ちください。

「偶数＋偶数＝偶数」というのは、どんな偶数と、どんな偶数を足しても、答えが偶数になるという意味です。

1つ目の偶数と、2つ目の偶数は、**別の数にしなければなりません**。

ということで、このような場合、「$2n + 2m$」と表します。

$n$ と $m$ という違う文字を使って、別の偶数だということを「表現」しているのです。

それにしても、あらゆる偶数とあらゆる偶数の足し算が、たった「$2n + 2m$」だけで表現できるとは、なんと「シンプル」なことでしょう。どんなに大きな紙を用意してもできなかった

ことが、簡単にできてしまうのです。

　では、計算を進めます。
「$2n+2m$」は、2が共通しているので、$2(n+m)$ と計算できます。
　原理は、「$3x+4x=(3+4)x$」となるのと「同じ」です。

　$2n+2m=2(n+m)$
　$3x+4x=(3+4)x$

と縦に並べれば見やすいでしょう。

$$2\underline{n}+2\underline{m}=\underline{2(n+m)}$$
偶数　偶数　　偶数

　さて、$2(n+m)$ の考え方なのですが、これは、「$n+m$」という数に、2が掛けてある、と読み取ってください。
「$n+m$」と2の掛け算になっている。ということは、絶対に2の倍数になっています。
　つまり、$2(n+m)$ は、偶数なのです。
　これで、$n$ と $m$ にどんな数を代入しても、結果が必ず偶数になることが言えました。
　これが、**あらゆる数で「偶数＋偶数＝偶数」が成り立つ証明**です。

厳密には、中2の内容を少し含むのですが、中1数学で十分理解できます。
　文字式を使わないと、1つずつたくさん書くしかなかった数式が、文字式を使うことによって、**たった1行で「シンプル」に「表現」できました。**
　数学は文字式を使うことによって、たくさんの法則が「表現」できるのです。

## 日常に溢れる、言語としての数学

　ここまで、言語としての側面を説明してきました。**数学には「シンプル」に「表現」できる特徴があります。**
　もっと具体的にいえば、**短い字数にたくさんの意味を込められる**、ということです。この特徴を利用して、日常には数学の記号が溢れています。
　例えば、グーグルプラスのロゴ。

←ココ

　「＋」（プラス）の記号は、追加、増加、進歩などを連想させますから、ほかにもたくさん日常に登場します。

次は、SNSのLINEのトーク画面。

　写真や動画を相手に送信する際に利用するボタンに「＋」の記号が使われています。
　続きまして、インスタグラム。これも同様です。

ブラウザのタブ追加ボタンもそうです。

　このように、至るところに登場します。
　商品名でも、サイズが大きいという意味で、「iPhone 8 ＋」がありますし、従来を進化させた新商品というイメージで「コカ・コーラ プラス」もあります。

　また、国際電話をかけるときに、＋81 － □ － ○○○○ －△△△△という数字の並びを見たことがあると思いますが、これは普通の電話番号に「加えて」国番号もダイヤルするという意味の「＋」です。
　81は日本の国番号なので、海外から日本に電話をかけるときに＋81が必要になります。

対して、**「ー」（マイナス）**は悪いイメージを連想させるため、プラスほどは登場しないようです（それと、記号がシンプルすぎて、ただの横線と区別がつきません）。

　プラスとセットなら登場させやすいようで、例えば「プラス思考」と「マイナス思考」は、なじみすぎて気づかないかもしれませんが、よい例でしょう。

　病原体や抗体などの検査でも、「＋」は陽性、「ー」は陰性を表す記号として使われます。血液型で、「Rh ＋」とか「Rh ー」というのを見たことがあるかもしれません。これは Rh 因子への抗体が陽性（陰性）であることを示しています。

**「×」（掛ける）** も使われます。

　掛け算には、繰り返す意味があるため、言葉の繰り返しのときに使われます。

　フジテレビの人気番組、「めちゃ×２イケてるッ！」も好例でしょう。ちょっと古い話題ですが、"モーニング娘。"のヒット曲「LOVE マシーン」より、「♪日本の未来は（Wow ×４）」などとも使われています。

　最近では、コラボレーションを表す記号としても使われています。

　ビックカメラとユニクロがコラボして「ビックロ」をつくったときは話題になりました。これを「×」を使って「ビックカメラ×ユニクロ」と表しても、とくに違和感はない人が多いで

しょう。

　社会現象になった、ファミリーマートとドラゴンクエストのコラボ「スライムまん」であれば、「ファミリーマート×ドラゴンクエスト」と表せるでしょう。

　かくいう私も、実はコラボ活動をしています。
　本業は受験指導の先生なのですが、その傍らで、お笑い芸人や塾講師、理系のイベントプロデューサーなどと一緒に「日本お笑い数学協会」をつくって活動しています。「お笑い×数学」のコンセプトでイベントを開催したり、動画配信などを行っています。
　数学を題材にした漫才やコント、大喜利などの披露や、協会の各メンバーが得意とする分野を数学と関連づけて、数学の面白さを伝えています。
「数学×恋愛」「数学×俳句」「数学×税金」のラインナップが並ぶ中、私は文系にも強いということで「数学×日本史」「数学×政治経済」の話をすることもあります。

　いかがでしょうか。
　思いのほか、数学が日常に溢れていませんでしたか？　そして、どれも数学が「シンプル」に「表現」できる言語だという特徴を利用していたと思います。

　数学の記号は便利ですし、独特のニュアンスやイメージを持たせることができます。

「数学は日常生活の役に立たない」と言われることも多いですが、実は気づいていないだけなのではないかと思います。利用しようと思えば、**至るところで利用できるのが数学**です。

### この章のまとめ

・数学は言語そのもの（単語も文法もある）
・理由（順番）を考える法則
・数学はシンプルさを大切にする言語
・数学は表現力豊かな言語
・数式は日常でたくさん使われている

第 4 章

# 中1数学で
# 暗記力を鍛えよう

## 暗記力がいらない場面は皆無

　この章のテーマは、**暗記力の養成**です。数学なのに、です。
　本章を書く上で、一度頭をフラットにしてみました。
　暗記力は果たして本当に必要なのか。中1数学でそれが身につくのか。
　答えは、やはりイエス。
　むしろ、暗記力が不要な場面なんてありません。そして、中1数学に登場するような**簡単な単語を覚えることがよい訓練になる**と確信しました。

　私の生徒に乃木坂46が大好きな子がいます。
　あのメンバーはここが可愛いとか、別のメンバーは頑張り屋さんだとか、このメンバーは見た目と裏腹にプロ意識が高いとか、いろいろ教えてくれたことがあります。
　しかし、私はアイドルにはまったく詳しくありません。どうしても流行に追いつくことができず、知っているのはチーム名くらい。生徒からの「授業」を理解することができませんでした。
「もし知っていたら、会話が盛り上がって楽しいんだろうな〜」とも思います。共通の趣味、共通の話題で盛り上がるのは、誰でも楽しいものです。その仲間内でしか味わえない空気があります。

乃木坂46が、読者のみなさんに必ず必要な話題かどうかわかりませんが、知っていれば楽しいだろうなあと思った経験や、知っていて得をした経験は、誰しもあるのではないでしょうか。
　私は、アイドルグループには疎いですが、**文系科目も理系科目も勉強した**ことで、幅広い方々と交流させてもらっています。その点で、心から「勉強しておいてよかったなあ」と思います。

　ビジネスの現場も同様で、専門用語がたくさん登場します。
　報連相、ＰＤＳサイクル、リスケ、アジェンダ、ＯＪＴなど、みなさんもご存じだと思います。
　しかし、これらを最初から知っていて社会人になった人は、そんなに多くないようです。
　慣れないスーツに身を包み、緊張しながら出勤したら、周りの先輩がビジネス用語を使っていてなじめかった、という経験はないでしょうか。
「この案件は〇〇月△△日に**フィックス**なので、それまでに動いてください」
　なんて会議で言われ、頭の中が「？」になったようなことはありませんか。
　しかし、いつの間にか、自分もビジネス用語を使いこなすようになり、それに伴って仕事も円滑に進むようになっていたりするものです。
　経験を積んだといえば、そのとおりですが、その世界になじんで結果を出すというのは、**周りが使っている用語を覚えることにも非常に関連があります。**

## 暗記の練習は中1数学がちょうどよい

　第3章でお話ししたとおり、数学は言語です。
　言語である以上、**単語の暗記はどうしても必要**です。テストで問題文に知らない単語があったら解けませんが、言っていることや書いてあることが理解できれば解ける問題もたくさんあります。
　しかし、いくらなんでも中1数学で暗記力をつけるのは無理ではないか、と思っていないでしょうか？
　確かに、中1数学では覚えるべき単語が少なく、暗記には不向きな科目のように見えます。
　しかし、だからこそ、**良質な暗記法に集中できます。**

　受験生は、毎日、数個から数十個の単語を覚えます。多い生徒では毎日100個単位で単語の暗記をします。
　しかし、大人になって、こんなに大量のものを、しかも短期間で覚えることは、それほど多くないでしょう。資格試験を受験される人なら、それなりに暗記量が必要かもしれませんが、大学受験生のように、大量に時間を使って、大量に頭に放り込むような暗記法はできません。
　忙しい中、限られた時間で暗記をするには、**量より質**が大切です。

本章では、**良質な暗記**をテーマに進めてみましょう。

## 「暗記は少ないほうが楽」は間違い、一度に大量に暗記するほうが楽

　本書をお読みの方は、これまで一度は苦しい丸暗記を経験していると思います。
　学校のテスト勉強で、一夜漬けでたくさんの英単語を覚えたり、日本史の年号を覚えたりした経験があるのではないでしょうか。
「こんなにたくさん覚えられないよ。もっと少なかったらいいのに……」
　こう思ったことがあるはずです。
　そうです。暗記は少ないほうが楽だとみなさんは思っています。

　しかし、**実は逆**です。

　暗記は大量に覚えるほうが、楽なのです。楽しく覚えられ、忘れづらくなります。
　もちろん、「工夫をすれば」という条件つきではあります。しかし、ちょっとしたコツをつかんでしまえば、**一度に大量の情報を覚えることができます。**
　論より証拠。

中1数学で実感していただこうと思います。

## 円錐ってどんな意味？

　ずっと一貫して**「同じ」「違う」「順番」**が大切だと言い続けていますが、暗記においては**「同じ」**を積極的に使うのがポイントです。
　新しいことを登場させる前に、第2章で登場した法則を1つおさらいしておきましょう。

**「同じものは覚えなくてもよい」法則**がありました。新しい情報が飛び込んできても、すでに知っているものと「同じ」点を見つければ、覚えなくてもよくなります。
　そして、第3章ではもう1つ登場しました。
　意味がわからないものは**「理由を考える」法則**です。
　この2つをマスターすると、暗記力が飛躍的に上がります。

　試しに、1つ例を挙げて、練習してみましょう。
　恒例になりましたが、問題です。次の図の図形の名前は何でしょうか？

 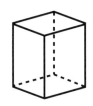 

　正解は左から、三角柱、四角柱、円柱です。これくらいは簡単でしょう。
　それでは、この図形の名前はどうでしょう？

 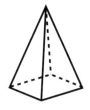 

　左から、三角錐、四角錐、円錐が正解です。
　これらの図形の名前は、子供たちもよく覚えていて、正答率も非常に高いです。恐らく、読者のみなさんも、多くの方が答えられたのではないかと思います。

　それでは、質問を変えます。
　これら3つに共通する「錐」という漢字の意味はご存じでしょうか？
　この質問に変えると、答えられる生徒は途端に少なくなりま

す。めったにいません。

　しかし、「錐」は、みなさんがよくご存じのものです。「錐」の字の音読みは「スイ」ですね。しかし、訓読みもあります。**「きり」**です。

　そう、あの大工道具のきりです。

　道具の「錐」は、**先が尖っています。見た目が似ているということで、先が尖っている図形を「〇〇錐」と呼んでいます。**

　私流にいえば、三角錐は、きりと**「同じ」**漢字を使っているのです。

　私も、このことを知ったのは最近です。小学生の頃には、「サンカクスイ」「シカクスイ」「エンスイ」と、名前を丸暗記していました。

## 暗記力を高めるために、語源を調べよう

　ここで、私が提案するのは**「語源を調べる」暗記法**と**「連想を広げる」暗記法**です。

**「語源を調べる」暗記法**は、新しい情報が飛び込んできたら必ず語源を調べるクセをつけるというものです。

先ほどの例でいえば、錐という漢字が「きり」を語源に持っていました。そして、すでに知っている「きり」と円錐が、**「同じ」漢字**だったという事実を知りました。「勉強はストーリーの理解と暗記」だと何度か書きましたが、こうして情報と情報が結びつき、ストーリー**（順番）**になるのです。

これは第3章で登場した**「理由を考える」法則**を発展させたものです。言葉ですから、脈絡もなく名前がつけられることもありますが、たいていのものは語源を調べていくと、それなりの因果関係（順番）があります。

ちなみに、すでに「語源を調べる」暗記法を登場させています。「セクシー素数」です。

セクシー素数はラテン語で6を「sex」と書くのが語源でした。英語の「six」に似ていると思えば忘れにくくなるという話を思い出してください。これが「語源を調べる」暗記法の例です。

**「連想を広げる」暗記法**は、その名のとおり、連想ゲームのように、思いつくまま連想していきます。

連想するときのポイントは、**「同じ」点に注目する**こと。似ている点でも、もちろんかまいません。

とはいえ、暗記法を紹介されても、イメージが湧かないと思いますので、実際にやってみましょう。

## 円錐から話が止まらなくなる！

　もう一度、円錐に話を戻します。
　厳密にいうと語源ではありませんが、英語に絡めるのも暗記のコツです。
　さて、みなさん、円錐を英語でいうと何でしょうか？

**円錐を英語で言うと…？**

　これも、必ず聞いたことがあるのに、正答率が低い問題です。
　答えは**「cone」**（コーン）です。
　知らなかったと思うことなかれ。ここから**「連想を広げる」暗記法**のスタートです。

　例のごとく、何と**「同じ」**なのかを列挙してみます。
　例えば、工事現場で進入禁止の印のために置いてある赤い円

錐はなんでしょうか？
　カラーコーンです（※ロードコーンやパイロンとも呼びます）。

　トウモロコシが原材料で、指にスポッとかぶせ、遊びながら食べた円錐形のお菓子と言えば？
　「とんがりコーン」です。

©Noda Akimi

　アイスクリーム屋さんで、カップに入れるか、円錐形のウエハースに入れるか聞かれることがあります。アイスが溶けはじめると少し困ってしまう、後者のものはなんでしょう？

コーンですね。

　実は、このように、日常にたくさん溢れているのに、「円錐＝コーン」だとは意外と気づかないものです。単語帳を開いて暗記しようとすると億劫に感じることも、日常と絡めることで面白くなるというのは、なんだか不思議ですね。

　ちなみに、「とんがりコーン」は原材料がトウモロコシですが、トウモロコシも英語で「コーン」です。円錐は**「cone」**で、トウモロコシは**「corn」**なので、別の英単語になります。トウモロコシを使ったお菓子を円錐にしているので、うまいネーミングです。
　一方で、アイスクリームのコーンは「cone」で、円錐が語源です。コーンと呼んでいるから、原材料がトウモロコシかとよく勘違いされます（私もそう思っていました）が、トウモロコシではなく、**ウエハース**です。

もう1つ余談を入れておくと、伝説上ではありますが、額に1本の角が生えている馬「ユニコーン」をご存じでしょうか。

　英語で**「uni」**（ユニ）は数字の「1」を表します。ユニコーンの角は、とても細長いとはいっても、形は円錐です。
「そうか、1本（ユニ）の円錐（コーン）だから、ユニコーンか！」
　そう思い込んでいたのですが、実は違いました。誘導しておいてすみません。ユニコーンのコーンは、円錐の**「cone」**ではありません。
　円錐の「cone」とも、トウモロコシの「corn」とも異なり、角を意味するラテン語が語源だそうです。
　ご友人、お知り合いにユニコーンの語源の話をするときは注意してください。ただし、本書の目的である**「暗記力」**という観点からいうと、「1本（ユニ）の円錐（コーン）だから、ユニコーン」と覚えても問題ありません。

さて次は、ユニコーンの「uni」(ユニ)で連想を広げると、**「unique」**(ユニーク、独特な)、**「universe」**(ユニバース、宇宙)、**「unisex」**(ユニセックス、片方の性別の)、**「unit」**(ユニット、一つにまとまった)……など、関連する言葉がたくさん登場するのがわかります。

## 「隹」の意味は？

　まだまだ連想は止まりません。
「錐」について、今度は漢字の語源に触れてみましょう。
　工具としての錐(きり)は、尖っている部分が金属でできています。だから偏が「かねへん」の漢字です。これは難なくわかると思います。

　では、錐の右側はどうでしょうか？
　これは、「ふるとり」という旁(つくり)で、語源としては、尾の短い鳥類の総称を表します。
　そういえば、隼(はやぶさ)、雀(すずめ)、雁、雉(きじ)、雛(ひな)など、鳥に関係する漢字がたくさんあります。
　覚え方としては、**鳥のクチバシを想像してみる**のはどうでしょうか。
　尖ったクチバシから円錐やきりを連想して「錐」という漢字を連想できれば、このあたりの知識が丸ごと覚えられます。

このように、1つの漢字からさまざま連想すると、面白く大量に知識を覚えることができるのです。

## 暗記のコツは関連づけ

　余談も挟みつつ、いろいろな話をしたので、ここでまとめておきます。
「錐」の話題を取り上げる前に、**暗記は大量のほうが楽**ということをお話しました。
　確かに、なんの関連もないものを大量に覚えるのは大変です。
　しかし、いまやってみたように、**「語源を調べる」暗記法**と**「連想を広げる」暗記法**を使ってみると、大量の情報が次々と頭に入ってきます。

　では、この2つの暗記法の共通点（同じ点）は何でしょうか？
**「関連づけ」** です。
　語源を調べることで、情報が結びついてストーリーになります。また、連想を広げることにより、別々の情報が関連します。どちらも、**情報と情報を結びつけている**のです。
　1つ1つの情報を、ただ頭の中に入れていくのは苦痛でしかありません。
　しかし、関係ないと思っていた知識が、思わぬところで結びつくと、**面白がって覚える**ことができます。

本書を読む前に、とんがりコーンとアイスクリームが、頭の中で結びついていた人はどれだけいるでしょうか。
　しかし、同じ**「円錐」(cone) に気づく**ことで、結びつけられてしまいます。
**「錐」の旁(つくり)に注目**すれば、いままで書けなかった、雀(すずめ)や、雉（きじ）も書けるようになります。
　こうして、1つのことを広げて、興味の赴くままに知識を結びつけていくのです。

　そして、私が言いたいのは、これを意図的に起こすということです。
　この漢字はどういう意味だろう？
　これを英語で何というのだろう？
　ちょっと興味が湧いたときに、手持ちのスマートフォンで調べてみると、すでに知っている知識と**「同じ」**だったとわかることが多々あります。
「暗記」というと、新しく覚えようとする意識ばかりが強くなってしまいますが、すでに知っている知識と結びつければ、**新しく覚える必要はありません。**
「なんだ、もう知っていることか」
　こうなれば、暗記のときの苦痛がなくなります。
　だから、「同じ」ポイントを探していくのが、非常に効果的なのです。

## 路線図のように暗記しよう

　「語源を調べる」暗記法と「連想を広げる」暗記法のメリットは、楽に覚えられて、覚えるスピードがアップするだけではありません。
　**忘れにくくなります。**
　生徒の指導をしていると、覚えられないという悩みと同じくらい、忘れてしまうことに悩んでいます。そして、指導を重ねるうちに、どちらも同じ原因だということがわかってきました。

　それが、いわゆる丸暗記をしていることです。
　意味もわからず、頭に放り込んでいるだけだと苦痛ですし、すぐに忘れてしまいます。こういう丸暗記から脱出して、意味のあることを、忘れないように暗記することがよい暗記です。
　逆に、**関連づけをしっかりしていると、忘れにくくなります。**これをお読みのみなさんは、恐らく「錐」の漢字を中々忘れないようになったと思います。これが、関連づけをした成果です。

　忘れにくい記憶のイメージは路線図です(東京都交通局より)。

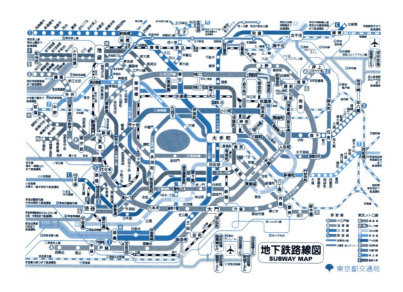

　全国でも、最も複雑だと思われる東京近郊の路線図です。
　情報を関連づけるのがポイントだと説明しましたが、路線図のように、たくさんの駅が、何本もの路線で結ばれて網目のようになっているようなものです。
　駅が線路で結ばれていないとまったく意味がないのと同じように、情報もほかの情報と関連づけられてないと、弱い記憶になってしまいます。
　**複雑な編み目になればなるほど、強度が増す**のと同じです。スカスカな編み目だと、すぐ破れてしまいます。
　何か新しいものを覚えるときや、意味もわからず覚えた単語を発見したときは、語源を調べ、連想を広げてみてください。
　きっと、**暗記力が飛躍的にアップする**ことと思います。

# 2種類ある暗記力
## ——意味記憶と手続き記憶

　ここまで、「錐」という字に注目して話を広げてみました。
　関連づけながら、○○錐、カラーコーン、とんがりコーン、ユニコーン、雀（すずめ）、雉（きじ）、隼（はやぶさ）などが同時に覚えられたと思います。
　このように、情報を頭の中に放り込んで、知識が増えていくような記憶を、脳科学で**「意味記憶」**と呼びます。

　しかし、記憶の種類はこれだけではありません。
　例えば、昨日の夕食はどこで誰と何を食べたかといった過去の経験の記憶、梅干しを見ると唾液が出るというような体の反応なども、別の種類の記憶として、脳科学では区別して考えるそうです。
　本書では、そのような細かい分類はあまり気にしませんが、**「手続き記憶」**だけは注目していこうと思います。
　これは、自転車の乗り方や、泳ぎ方、パズルの解き方など、**同じ経験を反復することによって、自動的に機能し、さらに長期間保たれる**という種類の記憶です。
　大人になって電車や車にばかり乗るようになっても自転車の乗り方は忘れないこと、何度も歌った曲の歌詞が自然にスラスラ言えてしまうことなどが、具体例として挙げられます。

私は、両親の影響で小さい頃からピアノを習っていました。なんだかんだ10年以上続けていて、小学校のときには校歌の伴奏を弾いていました。

　しかし、中学生でそれもストップ。高校、大学、社会人とほとんどピアノを弾くことはありませんでした。

　30歳手前になったとき、ピアノを弾く機会がありました。「まさか弾けないだろう」と思って、ピアノに手を置いた瞬間、何度か間違えながらも次第に思い出し、ものの10分ほどで、子供の頃に大好きだったドラゴンクエストのオープニングテーマを弾くことができたのです。

　当然、楽譜を持ち歩いているはずもありません。なんとなく手が定位置を覚えていて、右に動かしたような気がするとか、次は小指と中指と親指の和音だったような気がするという記憶が呼び覚まされたのです。

　これには驚きましたが、まさに**「手続き記憶」**の典型例だと思います。

## 記憶はスマホとアプリの関係と同じ

　「意味記憶」と「手続き記憶」について、普段、私が生徒に話していることを書いてみましょう。

　最近は、小学生や中学生でも、スマホのアプリを頻繁に使っています。ひと昔前は「うちの子はテレビをずっと見ていて困

る」と相談されましたが、最近は「うちの子はずっと動画を見ていて困る」と相談されるようになりました。

　スマホが良いか悪いかはわかりませんが、スマホを例に出して授業をすると、子供にわかりやすいようです。

　スマホで遊ぶとき、アプリをダウンロードすると思います。

　しかし、ダウンロードしただけでは意味がなく、起動させて使うという動作が必要になります。

　というように、スマホには**①アプリをダウンロードして情報を保存する機能**と、**②ダウンロードした情報を起動させ動かす機能**の２つがあります。

　パソコンでいうと、ＨＤ（ハードディスク）の機能とＣＰＵ（中央処理装置）の機能でしょうか。いずれにしろ、情報を保存する機能と、保存された情報を動かす機能の２つがあります。

　これが先ほどの「意味記憶」と「手続き記憶」にそっくりそのまま対応します。

**「意味記憶」**というのは、**新しい情報を覚える作業**です。つまり、アプリをダウンロードしているようなものです。

　しかし、アプリをダウンロードしただけでは意味がありません（私もそうですが、ダウンロードしてまったく使ってないアプリがたくさんあると思います）。

　ダウンロードしたら使わなければならない。これが**「手続き記憶」**です。

覚える ＝ 意味記憶　＝ アプリのダウンロード
使う　 ＝ 手続き記憶＝ アプリの起動

ということです。

ちなみに勉強では、**覚える科目**と、**考える科目**があると言われます。

覚える科目の筆頭が、社会系の科目。日本史や世界史、公民などは暗記をする科目です。理科では生物が覚える科目に近いと言われます。また、英単語や古文単語の暗記も、もちろん暗記系でしょう。

これに対して、考える科目の筆頭は、数学です。覚えることは少ないですが、立式したり計算したりと、頭を使うことが非常に多いです。国語の文章読解も考える科目と言えます。

先ほどのスマホのアプリの話でたとえるなら、覚える科目はアプリのダウンロードで、考える科目はアプリの起動になります。

ただし、アプリならばワンタッチで勝手に起動してくれますが、勉強ではそうはいきません。計算していればミスをしますし、文章を読んでいれば読み間違いもある。

では、どうすれば、こうしたミスを解消できるでしょうか？

## 自転車に乗れれば、計算がマスターできる

　数学では何が**「手続き記憶」**に相当するかというと、計算です。
　数学の計算は、頭でゆっくり考えながら行うものではありません。
　はじめは、先生がお手本で見せてくれた方法を、目で追いながら、公式に丁寧に代入していきます。しかし、**ここは決してゴールではありません。**
　自転車の乗り方と同じで、最初はぎこちなく転びながらでもかまいません。何度も繰り返し練習します。そして、最後には無意識でバランスを取り、スピードを出したり、カーブを曲がったりできて、はじめて使い物になるのです。

　『ドラゴン桜』という漫画があります。
　テレビドラマにもなったので、ご存じの人も多いでしょう。
　ストーリーの概要は、元暴走族の貧乏弁護士である桜木先生（阿部寛）が、偏差値36の高校生（山下智久、長澤まさみ、中尾明慶、小池徹平、新垣結衣、サエコ）を1年で東大に現役合格させるために奮闘するというものです（※コミック版、ドラマ版で配役など設定の違いがあります）。
　各科目で、全国トップクラスの実力を持った先生たちが集まり、奇抜な指導をすることも、大きな話題を呼びました。

英語ではエアロビクスをしながらビートルズの歌詞を暗唱し、社会科目では木の絵を描きながら用語を覚え、数学では卓球をしながら計算練習をします。

　一見、勉強に役立つのかわからない方法に見えますが、私も指導経験を積んでいくうちに、理に適っていると感じるようになりました。

　卓球を利用した数学の訓練がどのようなものかというと、相手が球を打つと同時に、計算問題が出題され、自分は打ち返すと同時に答えを言わなくてはいけない、というものです。

　要するに、頭で考えて答えを出しているようでは遅い、無意識で反射的に計算ができるようにするという訓練なのです。

　お気づきのように、まさに**「手続き記憶」**の話です。スマホやパソコンのように、機械的になればなるほどよいのです。

　計算しているときは無心。いつでもワンタッチでスマホが起動するように、脳みそも「計算開始」ボタンを押したら、自動的にいつもと同じ作業を間違いなく高速で行えるようになるのが理想です。

## 1次方程式の計算はこんなにカンタン

　では、**「手続き記憶」の身につけ方**は、どうすればよいでしょうか？

第2章では正負の数、第3章では文字式の計算を題材に扱いましたので、教科書の流れにしたがって、第4章では**1次方程式**を題材にしましょう。

　方程式と聞くと、途端に難しい印象があるかもしれませんが、教科書をよく読んでみると、正負の数や文字式と比べてポイントは少ないです。

　いまから計算方法を見ていきますが、ほとんど覚えることはありません。

　では、方程式の計算ルールを見ていきましょう。

### 方法（A）　方程式の基本ルール

A＝Bのとき

① A＋C＝B＋C
② A－C＝B－C
③ A×C＝B×C　　　　四則計算が登場
④ A÷C＝B÷C　　ただしC≠0

　上図のとおり、イコールの両側（両辺と言います）に、同じ数を足しても、引いても、掛けても、割ってもいい、という4つの計算があります。

　どこかで聞いたものと同じですね。そうです。

　四則計算と**「同じ」**4つなのです。足し算、引き算、掛け算、割り算を、両辺同時に行ってもいいのが方程式のルールです。

ちなみに、少なくとも大学受験までは、これ以外は登場しません。「なんだ、四則計算と『同じ』か～」と思ってしまえば、覚える必要はありません。

何度も登場していますが、**「同じものは覚えなくてもよい」法則**がありますから、あまり気にせずスルーすればいいのです。

**「違う」**のは、**両辺に同時に行う**ということと、**割り算だけ追加ルールがある**ことです。

本書を読む上であまり気にする必要はありませんが、数学では「0で割ってはいけない」というルールがあるため、そのただし書きがあるのです。

ここだけ「違う」と覚えたとしても、覚えることは1つか2つです。

## 移項の仕方もこれまでと「同じ」

「やったー。方程式が解けるようになった」とはしゃぐのはまだ早い。「手続き記憶」はアプリと同様、バージョンアップが必要です。方程式の計算でも新たな計算方法として、**「移項」**という方法が登場します。先ほどの4つの計算を使いこなせれば不要なのですが、移項をしたほうが圧倒的に計算速度が上がり、正確さも増すということで、普通に行っている方法です。

これ以降は、双方を比較して話を進めます。わかりやすくす

るため、名前をつけたいと思います。

先ほど紹介した、方程式の基本ルールを利用する計算方法を（A）、移項して計算する方法を（B）とします。

では、（B）の方法がどのようなものか見ていきましょう。

> **方法（B）　移項**
>
> ① A＋C＝B なら A＝B－C ⎫
> ② A－C＝B なら A＝B＋C ⎭ ＋と－を入れ換え
>
> ③ A×C＝B なら A＝B÷C ⎫
> ④ A÷C＝B なら A＝B×C ⎭ ×と÷を入れ換え

※厳密には③と④は移項と言いません。

プラスの数字がイコールの逆側に行ったらマイナスになり、マイナスの数字がイコールの逆側に行ったらプラスになります。

同様に、掛け算はイコールの逆側に行ったら割り算になり、割り算は掛け算になります。

**さあ、これもどこかで見たものと「同じ」ではないでしょうか？**

数学では、足し算と引き算はペアで、掛け算と割り算はペアになることがよくあります。

正負の数でも、マイナスを1回掛けるごとに、プラスになったりマイナスになったりしましたが、＋が突然×になったり÷になったりすることはありません。

「÷2」と「×$\frac{1}{2}$」は同じ計算として扱いますが、×が急に

＋に変わることはありません。

要するに、（B）の方法も、これまでと**「同じ」感覚でよい**ということです。

## カレーのレシピを覚えるように、数学の問題を解こう

では、なぜ（B）の方法では計算スピードが上がるのでしょうか？

例のごとく、たとえながら説明していきます。

みなさん、日本人の国民食といえば、何を思いつきますか？

味噌汁、肉じゃが、ラーメン……など、さまざまものが思いつきます。カレーライスの人気も非常に高いでしょう。

カレーといったら、「カレーの王子さま」（偏見）ということで、Ｓ＆Ｂ食品のウェブサイトから、カレーのレシピを引用してみました。手順としては、次のとおり。

①**野菜を切る**
②**肉を炒める**
③**クミンシードを入れる**
④**野菜を炒める**
⑤**水とローレルを入れて煮る**
⑥**アクをとる**
⑦**ルウを入れる**

⑧ガラムマサラを入れる
⑨お皿に盛りつける

つまり、この9個を、この「順番」どおりに行えば、誰でも美味しいカレーをつくれるというわけです。

実は、**数学の問題の解き方も、レシピ化することができます。**そして、数学の先生は**レシピのように問題の解法を覚えています**。

先ほどの、計算方法の（A）も（B）も、レシピ化することができます。

それでは図をご覧ください。

**方法（A）　方程式の基本ルール**

A＋C＝B

1手目
両辺に−Cを足す

A＋C−C＝B−C

2手目
＋C−C＝0として消去する

A＝B−C

**方法（B）　移項**

A＋C＝B

1手目
左の＋Cを消し右に−Cを書く

A＝B−C

上の方法（A）は2手必要な計算ですが、下の方法（B）は

1手だけで結果が出ます。

つまり、計算手順が少ないから、(B)のほうがよいのです。

この式変形は、中高の6年間を過ごしていると、何百回、何千回と行う計算方法です。ということは、方法(B)の計算ルールを身につければ、何百回、何千回と楽に計算できますし、それだけスピードが速くなります。

さらに、手数が減れば、それだけ計算の回数が減るわけですから、計算の正確さも上がり、ミスが減ります。

第3章で計算ミスの原因は、

①**無駄な計算をしている**（省ける計算を省かない）
②**わざわざ難しい計算をしている**（工夫をしない）
③**まだ秘密**（第4章で詳しく説明します）

と書きましたが、①と②がまさにこの部分です。わざわざ面倒な方法で無駄な計算をしているからミスが出るわけで、最良の方法で取り組めば解決します。

移項は非常に簡単な計算方法なので、身につけずに過ぎ去ってしまう生徒はあまり多くありません。

しかし、学年が上がると、**簡単になる計算方法があるのに受け入れない**生徒がいます。面倒でも自分が過去に慣れている計算方法にこだわってしまうのです。

先生からしてみると「そのままではスピードも遅いし、計算

ミスを起こすぞ」と思うのですが、生徒が拒絶している間は、先生は無力です。

さらなる高みを望むなら、**寛容な心が大切だな**と思います。

## 最強になるためには？

**計算力**とは、早く正確に計算する力のことです。
「早く正確に」は、言うは易し、行うは難しです。これを両立させるのは非常に難しいことです。

スピードを上げるとミスが増えるし、丁寧に計算すると遅くなる。

両立しえないようにも思います。

しかし1つ、解決する方法があります。

**反復**です。

先ほどスルーした③まだ秘密（第4章で詳しく説明します）の答えが反復です。

人間は慣れる動物です。反復すればするほど、その方法が定着していき、同じ動作が何度も繰り返せるようになります。

これは、野球の素振りや、自転車の乗り方のような身体的な動作のことだけではなく、脳の働きでも**「同じ」**です。

スマホのアプリ起動と同様に、脳の中の「計算問題」ボタン

を押すという話をしましたが、人間は反復すればするほど「機械化」され、ミスなく同じ動作が繰り返せるようになります。

　先ほどの、方法（A）と（B）で話を進めてみましょう。
　面倒な方法（A）でいつも計算していると、方法（A）で計算する技術が高まり、スピードも正確さも伴ってくるため、それなりの結果が出るようになります。すると、客観的に見てもっとよい方法（B）があるにもかかわらず、方法（A）にこだわりすぎて、それ以外を受け入れられなくなってしまいます。
　一方で、はじめから方法（B）を素直に受け入れて反復練習をする人は、方法（A）にこだわる人よりも、短時間に正しい結果を出せるので、反復練習を怠る傾向にあります。
　言い換えると、方法（A）にこだわる人は不器用で一生懸命な人、方法（B）に甘んじて努力を怠る人は要領のよい人になるでしょう。
　どちらを評価すべきだと思いますか？

　受験の世界では、一般的に前者が評価されます。
　方法（A）にこだわって、面倒でも愚直に頑張る人がほめたたえられ、効率がよく、努力せずに結果を出す人は疎まれます。
　しかし、本気を出したとき、形勢が逆転します。
　方法（A）のまま本気を出しても限界がありますが、方法（B）を使いながら、力を抜いて結果を出してきた人が本気で勉強し始めると、飛躍が起こります。
　つまり、**結果の出る方法で本気で取り組む**のが最強なのです。

これを「同じ」「違う」「順番」でまとめましょう。

　いままで自分が使った方法と**「同じ」方法にこだわり続けることが必ずしもよいとは限りません**。

　いままでとは**「違う」方法であっても、客観的に見てよい方法であったら、こだわりを捨てて取り入れるべき**です。

　そして、その**新しい方法の作業の「順番」（レシピ）を徹底的に反復します**。

　反復して反復して反復して、周りの人の２倍も３倍も訓練すれば、たいていのことは上手になります。

　いまの自分から脱却しようとするなら、いまの自分と**「違う」面に注目する**のがよいでしょう。


　ここで参考になるのも、スマホやコンピュータです。手続き記憶の理想はスマホやコンピュータのように、まったく同じ作業を間違えずに高速で繰り返せることです。

　しかし、人間はすぐに機械のように計算できません。あれこれ考えて、見当はずれのことをしますし、ミスもします。だから**反復して慣れることでカバーします**。

　そして、もっとよい計算方法が見つかったら、スマホをバージョンアップするように、**新たな方法を取り入れます**。そしてまた**慣れるまで反復する**。

　これが**「手続き記憶」の身につけ方**です。

　スマホと違って面白いのは、起動するたびに性能が上がることです。**使えば使うほど「手続き記憶」が定着します**。

## 信じられないレベルに達した人たちの例

　それでは、実践的な方法に入りましょう。

　これから、私が誰かに話したときに、とくに驚かれる話を2つご紹介します。

　英語がものすごく得意だという**慶應義塾大学**の学生に話を聞いたことがあります。それまでも英語が得意だという生徒にはたくさん出会いましたが、彼は飛び抜けていました。

　日本で一番難しい英語の問題を出すのは、慶應義塾大学法学部だと言われることがあります。制限時間90分の中で、非常に難しい英文を大量に読まなければならず、合格者たちでも解き終わるのが精いっぱいという問題です。

　しかし彼は、たった30分ですべての問題を解き終えると言っていました。はじめはウソだろうと思っていたのですが、詳しく話を聞くと、どうやら本当のようです。これが1つ目の例です。

　もう1つは、私の生徒の話です。

　私の主宰する塾では、勉強法に非常にこだわって教えています。勉強量が多いのは当たり前。量だけじゃなくて、質にこだわることで成果を出す仕組みです。

　勉強法が確立してくると、**復習の時間が非常に短くなります。**

高校数学で2次関数という単元があるのですが、学校で授業をしながら教えると1～2カ月、一般の生徒が自宅学習で復習を終わらせようとしたら、10日は平気でかかりますし、遅い子は数カ月かかります。

しかし、私の教え子たちは、5分くらいで復習を終わらせることがあります。1時間や2時間あれば、十分なレベルで1単元が終わらせられます。

これが2つ目の例です。

さて、このように驚くような成果や、素晴らしい成果を出す生徒たちにインタビューをしたところ、ある共通点が見えてきました。

その共通点をまとめたのが、**「雪だるまの法則」**です。

## 雪だるまの法則

雪だるまは、どのような**「順番」**でつくるでしょうか？

まず小さく固い雪玉をつくります。

そして、その雪玉を地面に転がして、大きくしていくのがスタンダードなつくり方でしょう。

これと同じように、勉強や仕事でも、まずは**小さくてもよいので質の高いものをつくります**。そして、それを**増幅させていく**という「順番」で取り組むと、見違えるような成果が出るこ

とに気づいたのです。

　最大のポイントは、小さな雪玉の時点、つまり**はじめの段階で、いかに質の高いものがつくれるか**です。

　実はこれに気づく際に大きく影響を受けたのがピアノでした。私がピアノを習っていた頃を思い出すと、まずはゆっくりでいいから1小節ずつ確実に弾くように指導されました。それができたら次の小節へ、そしてまた次へと弾ける小節を増やします。そして最後まで弾けるようになったら、今度はもう片方の手で同じことをして、両手で合わせられるようにする。両方で最後まで弾けるようになったら、テンポや抑揚を意識します。

　スポーツも同様。バスケットのドリブルも、ゆっくりできない人がプロのようにカッコよく速いドリブルはできません。はじめはよいフォームでゆっくり確実にできるようにすることが大切です。

　最近のセンター試験は、時間勝負だと言われることが多くなりました。しかし、センター試験対策で、はじめから時間を気にして焦って解いてはいけません。むしろ逆で、時間無制限でよいから、満点を取れるようになることが先決です。

　3回、4回と連続で満点が取れるようになったら、やっとスピードアップを心がけます。

　満点を取る方法を知っている人が、時間を縮めようとするから、高得点が取れるのです。高得点の取り方も知らない生徒が、いくら焦って解いたところで、高得点は取れません。

慶應大学法学部の問題を30分で解く彼は、これを徹底的に行ったようです。英文が完璧に読める方法を完成させ、その後、徹底的に反復練習します。すると、あれだけ高速で英文が読めるようになるのです。

　また、成績のよい生徒というのは、一度勉強した内容はなかなか忘れません。**一度目の勉強でしっかりと完成させる**から、**二度目や三度目の勉強が短時間で終わります。**
　逆に、成績が振るわない生徒は、何度も同じ単元を復習します。昔やった単元の内容を忘れてしまって、後になって不安になり何度も復習します。
　何度も復習するのは悪いことではありませんが、復習しなくてよい方法で取り組まないと、結局、何も身につかないまま終わってしまいます。
　ちなみに、この方法を洗練させて取り組むと、**２次関数の復習が５分で終わる**ようになります。一度習得した問題を忘れない勉強をしているので、いざ２次関数の復習をしても、問題を見ただけで解法が頭に浮かびます。
　絶対解けると確信する問題は解き直す必要がありません。だから、問題集に並んでいる問題文をパラパラと眺めるだけで、解かずに最後のほうまで行ってしまうのです。つまり、５分というのは、問題文に目を通す時間のことなのです。

「雪だるまの法則」の説明でなにかデジャブを感じませんか？
　気づいたかもしれません。実は「雪だるまの法則」の話は、

その前に説明した「手続き記憶」の習得法とそっくりでした。

　正しい手順を知り、その方法を反復して訓練し、精度とスピードを上げる。これがすべてです。

「手続き記憶」と言おうが、「雪だるまの法則」と言おうが、実は**「同じ」**。

　つまり、中1数学に、驚くべき成果を上げるヒントがちゃんと詰まっているのです。

　何か狭い分野でもよいので、ものすごい成果を上げたことがある人が、別の分野でも成功するというのは、よく聞く話だと思います。才能があるから成功している人もいるでしょうが、**努力なしに成功した人も、またいません**。やみくもに努力しているわけではなく、努力の仕方がうまいのです。

　どのポイントで、どのくらいの力を入れれば、周りの人と比べて大きな成果を出せるかがわかっていれば、何でもできるようになります。

### この章のまとめ

- 暗記には「意味記憶」と「手続き記憶」の2種類がある
- 暗記は関連づけて、大量に覚えるのがコツ
- 「語源を調べる」暗記法と「連想を広げる」暗記法を使おう
- カレーのレシピのように、手順（順番）を正確に実行する
- 結果が出やすい方法で、本気を出そう
- 「雪だるまの法則」で範囲を広げていこう

第 5 章

# 3つの力を
# 統合してみよう

## 論理力と言語力と暗記力をミックスした総合力を鍛えよう

　ここまで論理力、言語力、暗記力についてのお話をしてきました。本章ではこの3つをミックスした実践的な内容に入っていきます。

　第2章では正負の数を題材に、**論理力**について説明しました。第3章では文字式の計算を題材に**言語力**を学び、第4章では平面図形と方程式を題材に**暗記力**の話をしました。

　本の構成上、こうしていますが、こんなに単純な話ではありません。正負の数で言語の話をすることもできますし、方程式で論理の話をすることもできます。私が都合上、それぞれの側面を切り取っただけです。

　実際には、**論理も言語も暗記も同時に使いながら考えます。**勉強も、仕事も、日常も、さまざまな力を組み合わせているはずです。

　ということもあって、本章ではなるべくわかりやすく、論理と言語と暗記の力を組み合せながら進めていきます。

## 方程式の文章題をレシピ化してみよう

　ではまず、方程式の文章題で考えてみましょう。

　方程式の文章題といえば、毎年、多くの中学1年生を数学嫌いにしている、悪名高い分野です。

　しかし、ほとんどの生徒が、意外なポイントでつまずいているのです。

　とにもかくにも、問題を見ていきましょう。

### 方程式の文章題

**問**　ある数に4を加えた数の3倍は、もとの数を5倍して2を引いた数に等しくなります。もとの数を求めなさい。

　ここでは、最も典型的で、最も簡単な問題を取り上げてみました。

　解答の「順番」、つまりレシピとしては、次の図のとおり4手の問題です。

**答** ①もとの数を $x$ とおく
②問題文のとおりに立式する

$(x+4) \times 3 = x \times 5 - 2$

③方程式のルールに従って $x$ の値を求める

$3x + 12 = 5x - 2$ ⎫
$3x - 5x = -2 - 12$ ⎬ 移項
$-2x = -14$ ⎫
$x = 7$ ⎬ 両辺を $-2$ で割る

④設問に問われたとおりに答える

よって、もとの数は7である

>「 $x$ の値を求めよ」という問題ではないので、「 $x=7$ 」と答えてはダメ

　第4章の後半でも、「手続き記憶」の習得法として、方程式の「ただの計算問題」を取り上げました。本章で登場したのは「文章題の」方程式の問題です。

　さて、何が**「同じ」**で、何が**「違う」**点で、どのような**「順番」**でしょうか？

　4つの手順のうち、③と④は第4章と「同じ」です。つまり、方程式の基本ルールを使いながら（できれば、移項を使って計算スピードを上げ、正確さを高めながら）、計算を進める部分です。くどいくらい登場しますが、「同じ」部分は覚える必要はありません。

ということで、文章題の難しいポイントは、①と②にあります。

## 方程式の文章題は「翻訳」の作業

　文章題になってはじめて登場するのは、①と②のレシピです。**①もとの数を x と置く、②問題文のとおりに立式する**という部分ですが、難しいのはどちらでしょう？

　①の $x$ の置き方が難しい問題もありますが、普通は②の部分でつまずきます。文章題のとおりに立式するのが難しいのです。

　これは、私に言わせると**「翻訳」**です。立式とは、**日本語から数学語への翻訳**なのです。

　第3章の冒頭で「2＋3＝5」の話をしたのを覚えているでしょうか？

　日本語では「二足す三は五」、英語では「Two plus three is five.」と書くところ、数学では「2＋3＝5」と書くという話です。「2＋3＝5」程度であれば、日本語でも数学でも困ることはありませんが、今回の方程式の文章題のレベルになると、**頭の中で、一瞬で変換することは難しくなります。**

　問題文をしっかり読んで、どれとどれが3倍なのか、どれとどれが等しいのかを、丁寧に考えなければなりません。

　この日本語から数学への翻訳の作業が難しくて、つまずいているのです。

第5章　3つの力を統合してみよう

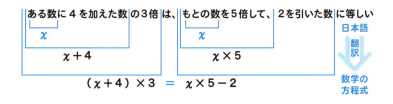

## 「翻訳」の力こそビジネスで役に立つ

　なぜ翻訳が難しいのでしょうか？
　端的にいって、**十分な訓練をしていない**からです。
　日本の学校教育では、誰かがつくった問題に対して、疑問を持たずに解く力が求められます。
　計算ドリルにはたくさんの計算問題が載っています。すでに立式された計算問題を解く訓練ばかり行っています。
　しかし、**自分で立式する経験は少ない**はずです。
　問題文に書かれている内容を正確に把握することは、小学生の頃にもある程度やっていますが、それをアルファベットの文字式で立式するのははじめてです。
　要するに、**はじめての経験に戸惑っている**わけです。

　ちなみに、小学校の頃に塾に通ったり、中学受験を経験したりすると、文字式を扱わないまでも「翻訳」に近い訓練を多くさせられます。一方で、塾に通っていない生徒にしてみると、

ほとんど初体験の作業を課せられるわけで、相対的にどうしても遅れを取ってしまいます。

このような背景もあって、クラス内の格差も生じやすく、苦手意識を生みやすいのだろうと思います。

方程式の文章題は、まず数式に「翻訳」しなければ解けませんが、これは**自分の得意な土俵に持ち込む**ということです。

文章題のままでは解けませんが、**数式にすれば解けます**。だから、いかに数式にしてしまうかが一苦労なのです。難しい大学入試の数学の問題も、多くがこのパターンです。数式にするまでが苦労するのです。

これは、日常や仕事の場でも非常に役立ちます。

自分の苦手分野で戦うのではなくて、**強みを生かせる分野で戦うのは基本中の基本**です。数学であれば、数式にすれば絶対に解けることがわかっているのですから、なおさらなのです。

与えられた数式を解くのは得意だけど、日本語から数学語へ翻訳するのは苦手というのは、「**自分で問題設定するのが苦手**」な社会人と非常に似ています。

学校の授業では、必ず公式が与えられ、解き方を先生が見せてくれるので、生徒は受け身の形で習うだけになりがちです。

しかし、いったん学校から解き放たれ、社会に飛び出すと、**問題を与えてくれる人はいません**。新卒の社会人ならば、上司の言うことを聞いていればいいかもしれませんが、いつまでもそういうわけにはいきません。

目の前の状況の中で、**何が問題なのかを、自分で見つけると**

ころから仕事がスタートします。

## アルタ前の待ち合わせに必要なこと

　では、方程式の文章題の話題はこれくらいにして、次の単元に行きましょう。「比例と反比例」の単元です。
　数学的な意味としては、はじめて**x y座標**が登場して、**グラフ**を書きます。
　また、アレルギーを起こしそうな言葉が登場しましたが、非常に論理的で、非常に言語的な単元です。わかってしまえば、**これほど便利なものはありません**。

　おなじみのたとえから入ってみます。
　明日の昼12時に、私とどこかで待ち合わせをするとしましょう。さて、どのような情報が必要でしょうか？
　例えば、東京の有名な待ち合わせスポット、新宿のアルタ前で待ち合わせをするとします。新宿アルタ前に行ったことがある人であれば、この情報だけで集合できると思いますが、新宿に行ったことがない人と集合する場合は、これでは通じません。ほかの方法で「新宿アルタ前」を表現しなければなりません。

　もっと具体的に、「東京都新宿区新宿3－24－3」と新宿アルタの住所を指定して待ち合わせる方法もあります。

なにか目印になる建物やお店があるなら、「○○新宿店の隣のビル」と言っても、通じるかもしれません。
「ＪＲ新宿駅の東口改札を出て、近くにある階段を登ると、目の前に広場があって、その広場の向こう側にあるビルの入り口のところに集合ね」と、改札からの進み方を説明するのも可です。
　非現実的ですが、新宿アルタの緯度と経度で表現することだってできます。
　要するに、何が言いたいかというと、**場所を伝える方法はたくさんある**ということです。

## 道案内がうまくなるには

　それぞれ何が違うのかというと、表現するときに必要な**情報の数**です。
　1つ目の「新宿アルタ前」に集合と表現したものは、①新宿と②アルタ前の**2つの情報**が必要です。
　2つ目の住所で表現したものであれば、「東京都」「新宿区」「新宿」「3」「24」「3」の**6個の情報**が登場します。
　3つ目の目立つ建物を目印にした場合、「○○新宿店」と「隣」の2つの情報です。
　4つ目の改札からの進み方を説明したものは、**情報が多すぎて数える気になりません。**
　5つ目の緯度と経度であれば、「緯度」と「経度」の**2つの**

**情報**です。

　このように、場所を表現するには情報が必要になりますが、方法によって情報の数が違います。

　もちろん、情報が少ないからわかりやすいとか、情報が多いからわかりにくいとか、そんな単純なものではありません。少なすぎてわからないこともありますし、多すぎて混乱することもあります。

　昔、タレントの島田紳助さんが、「話が上手な人は、道案内がうまい。話がへたな人は説明させても、全然わからない」というようなことを言っていました。本書で述べる言語力があるかないかの違いも、これと同じことです。

　ゴチャゴチャ言わずに、「シンプル」な「表現」で、話の「順番」を整えてくれると、わかりやすい道案内になると思います。つまり、本書で再三書いているキーワードが効果を発揮するのです。

　ということで、**少ない情報（シンプル）で、誰にでもわかりやすく「表現」するのがベスト**だということは納得していただけるでしょう。

　そういう前フリをしながら、座標の話に入ります。

## 座標はシンプルで便利な言語

まず、ｘｙ座標の原理をご紹介します。

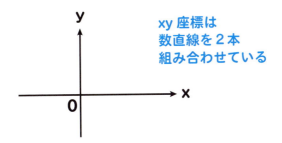

お気づきかもしれませんが、第２章に登場した**数直線と同じ**です。だから、覚えるポイントは、それほど多くありません。

ちなみに、暗記力を高めるために、あえて脱線しますが、数直線の語源は「数の直線」です（調べたことはないですが、間違いないでしょう）。

そう、「直線」が登場しています。「スウチョクセン」というカタマリで覚えている生徒が多いため、「直線」が登場していることに意外と気づいていません。

直線ですから、平面図形で習うのと同じように、どこまでも伸び続けます。

**「違う」**のは、2本登場していることと、直角に交わっていることです。

名前も変わります。座標では数直線と呼びません。横に伸びている数直線を **x軸** と呼び、縦に伸びている数直線を **y軸** と呼びます。ここは難しくないと思うので、先を急ぎます。

さて、ここからが本題です。

$xy$ 座標の上の、好きな点を選びます。どんなに右のほうに外れていても、下のほうにあってもかまいません。

どんな点を選んだとしても、$x$ 軸方向に進んだ距離と、$y$ 軸方向に進んだ距離（正確には座標）で表現することができます。ちなみに、**「順番」** としては、$x$ 座標が先で、$y$ 座標を後に書きます。

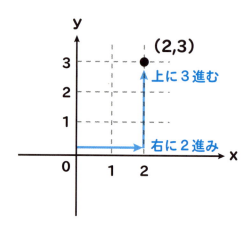

例えば（2,3）と書いたら、誰もが「右に2進んで、上に

3進んだ点だ」とわかります。わかりやすいですし、情報もたった2つでよいのです。

　先ほどのアルタ前の例を思い出してください。さまざまな場所の表し方があり、情報量がバラバラでした。その中でもベストな手段は、情報量が少なく、わかりやすいものです。まさに$xy$座標のことではないでしょうか。
　座標は厳密にいうと、言語ではないかもしれません。しかし、場所を「シンプル」にわかりやく「表現」するという観点で考えると、非常に言語的です。
　数学の教科書に載っていると、言語のように見えませんが、実は**便利でシンプルな言語**だったのです。

## 日常に溢れるxy座標

　そんな便利で「シンプル」に「表現」できる$xy$座標ですから、日常にもたくさん登場しています。
　実は、すでに1つ、$xy$座標と同じ原理のものを登場させていたのですが、お気づきでしょうか。
　緯度と経度です。

　おなじみの世界地図です。よく見てください。縦と横の線が交わって、場所を表しています。まさに $xy$ 座標の発想です。緯度は**x座標**で、経度を**y座標**と捉えると、必要な情報も2つだけ。そっくりです。

　実際は真ん丸な地球ですが、四角い地図に表し、緯度と経度で表現すれば、場所がどこなのかは誰にでもわかりやすくなります。

　続きまして、将棋もそうです。

「3四歩」のような言い方も、$xy$座標とそっくりです。

**「違う」**ことといえば、$xy$座標は左下に原点を置きますが、将棋は右上だということくらいでしょうか。こういうのは慣れれば済む話なので、大きな問題ではありません。

ちなみに、将棋も数学と「同じ」で、$x$座標が先、$y$座標を後に読むという**「順番」**の決まりがあります。「3四歩」であれば、横に3つ進んで、縦に4つ進んだ場所に歩を打つということです。

さらに続いて、UFOキャッチャー。

©Noda Akimi

握力の弱いアームを、横と縦に動かして、狙ったぬいぐるみの場所に合わせます。

ほかにも、昔ながらのゲーム（レトロゲーム）も、まさに$xy$座標です。有名どころでいうと、「ドラゴンクエスト」の画面。

©Noda Akimi

　主人公が上下と左右にしか動けません。コントローラーも十字キーで、横と縦で場所を表現しようとしているのです。
　例を挙げているとキリがないことこそ、**xy座標が「シンプル」な「表現方法」**である証拠でしょう。

## 数学は論理的なことを表現するのが得意

　では、座標の話は終わりにして、比例と反比例に話を移します。

　比例の定義は、「$x$が2倍、3倍に増えると、$y$も2倍、3倍に増える」というものです。
　例えば、道のり、速さ、時間の関係が代表例です。時速60kmで車を走らせると、1時間で60km、2時間で120km、3時間で180km進みます。走っている時間が2倍、3倍に増

えると、走行距離も2倍、3倍になっているので、比例です（下図を参照）。

### 比例の定義：$x$が2倍3倍に増えると$y$も2倍3倍に増える

時速60kmで走る車の、走った時間を$x$、距離を$y$とする。

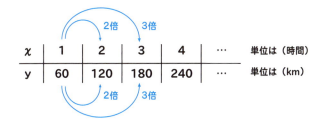

しかし「$x$が2倍、3倍に増えると、$y$も2倍、3倍に増える」というのは、日本語です。数学の言語、つまり文字式を使って表現されていません。

「シンプル」な「表現」が得意な文字式を使うと、なんと**「y = 60x」と書くだけで、すべて表現できます。**

$x = 1$のときに$y = 60$、$x = 2$のときに$y = 120$、$x = 3$のときに$y = 180$、というのも数字を代入すれば、すぐにわかります。$x$が2倍になったら、$y$が2倍になる関係性も表現できています。

日本語では長々書かなければならないことでも、数式ではたった4文字程度で表現できます。この**シンプルさが、数学という言語の特徴**です。

数学は、論理的なことを「シンプル」に「表現」するのが非常に得意なのです。

## グラフは人を感動させる

　「$y = 60x$」でも十分にシンプルなのですが、さらにわかりやすくできるのがグラフです。
　下の図をご覧ください。

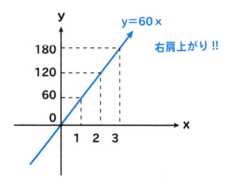

　「$y = 60x$」と書かれるのと、右肩上がりのグラフを見るのとでは、どちらがインパクトがあるでしょうか。やはり、**グラフが圧倒的に印象深い**と思います。
　数式のよいところはシンプルさです。しかしシンプルすぎるので、人を選びます。言い換えれば、数式が読める人にしか通じません。

しかしグラフは、数式ではありません。**図形**です。図形だから、見た目の印象で判断できます。
　xやyが何なのかまったくわからなくても、右肩上がりのグラフを見れば、成長している様子や、伸びている様子が見て取れます。右肩下がりのグラフを見たら、衰退している様子や、減少している様子がわかります。
　**これがグラフのよいところ**です。

　数式もグラフも一長一短なのですが、日常やビジネスの場を考えたら、やはりグラフのほうが使いやすく強力だと思います。
　数字の羅列を見せられてもよくわかりませんが、グラフにすれば、株価の上がり具合が一目瞭然です。
　本書で最も「論理的」ではない部分かもしれませんが、**グラフには論理を超えた力があります。見た目が与える印象は強い**のです。

## 大人でもタメになる統計の基礎

　それでは、中1数学で扱う最後の単元に入ろうと思います。
　最後に登場するのは、**「資料の整理とその活用」**という単元です。
　中学や高校を卒業していれば、数学に一度は触れたことがあるはずです。恐らく多くの人が「数学は社会で役に立たない」

とお思いなのではないでしょうか。

これに対して理系に進んだ人は「いや、数学の論理的な考え方は役に立つんだ」と主張し、文系に進んだ人は「因数分解や微積分なんて使わないじゃないか」と主張します。

私はいまのところ、**「役に立つほど学んだかどうか」**で、この話は終わりだと思っています。とはいえ、数学は、役に立つほど学ぶには奥が深いというか、メリットが見えづらい科目のような気もします。

その、役に立つと実感しにくい数学の中で、恐らく最も実生活で実感しやすいのが**統計の分野**でしょう。

よく数学の先生は、統計や確率の分野の授業で「ちゃんとやっていないと、大人になってから騙されるよ」と言って授業をしますが、まさにそのとおり。数字の読み方や、数字の「つくり方」を知っていると、数字に騙されにくくなります。

その初歩の初歩を扱うのが、中1の**「資料の整理とその活用」**の単元です。

この単元は、新課程になって導入されたもので、私と同世代の大人は習っていません。

余談ですが、ここ最近の流れとして、どの科目も**実生活に役立つようなテーマ**が積極的に選ばれてきています。

英語であれば、以前は読むことが中心で、英作文が少しある程度でしたが、センター試験にもリスニングが導入されました。これは、日常で英語圏の人に接したとき、英語を聞き取れるよ

うにするという方針に寄ったものと見て取れます。

　数学でも同じように、**統計や資料の読み方など、社会人になってからも使える内容**が低学年にも導入されました。いまからご紹介する「資料の整理とその活用」が中1数学に導入されましたが、高1にも「データの分析」という発展内容が組み込まれました。

　ということで、社会生活でも役に立ちやすい、統計分野の内容に触れていきます。

## データを並べ替えるだけで分析ができる

　統計の話は、まず、もとのデータを用意するところから始まります。

　子供であれば、数学の点数と国語の点数などでもよいですし、ビジネスマンであれば、売り上げや利益の金額でもよいでしょう。体重や身長などもよく使われます。

　これらのデータをたくさん集めるのですが、この**分析の仕方**がメインテーマです。

　中1数学では、まず**散らばり具合**を考えるところから始まります。本書では『改訂版　中学校数学Ⅰ』（数研出版、平成27年）の内容に沿って話を進めます。

　次の図をご覧ください。

下の図は、奈良市で行われている
鹿せんべい飛ばし大会の
20大会分の優勝者の記録です。

2012年5月〜2013年8月の優勝者の記録

| 42.10m | 41.40m | 44.10m | 42.00m |
| 48.70m | 37.93m | 39.10m | 50.45m |
| 35.75m | 42.95m | 45.30m | 36.80m |
| 60.75m | 52.80m | 49.33m | 45.05m |
| 50.70m | 45.00m | 38.15m | 40.20m |

　奈良県奈良市で行われている、鹿せんべい飛ばし大会の優勝者の記録だそうです。20個のデータが載っています。

　さて、このデータを見て、何か気づくでしょうか？

　よく見てみると、いろいろわかるかもしれませんが、この表だけでは非常にわかりづらいと思います。例えば、「一番大きな値を見つけてください」と言われても、時間をかけてゆっくり探さなければなりません。

　そこで、統計データは**「順番」どおりに並び替える**ことが重要です。大きい順でも小さい順でもよいでしょう。並び替えたデータがこちらです。

**小さい順に並べた図**

| |
|---|
| 35.75m |
| 36.80m |
| 37.93m |
| 38.15m |
| 39.10m |
| 40.20m |
| 41.40m |
| 42.00m |
| 42.10m |
| 42.95m |
| 44.10m |
| 45.00m |
| 45.05m |
| 45.30m |
| 48.70m |
| 49.33m |
| 50.45m |
| 50.70m |
| 52.80m |
| 60.75m |

いかがでしょうか？

「一番小さな値は何か」と言われたら一番上を見ればよいし、「一番大きな値は何か」と言われたら一番下を見ればよいのです。「真ん中くらいの値は何か」と言われたら、真ん中くらいを見ればわかります。非常にわかりやすくなったと思います。

ほかの例を挙げるなら、ネットショッピングの際に商品を安い順に並び替えると非常に便利です。動画の再生回数やサイト

のアクセス数のランキングも並び替えです。

このように、データは、何も分析しなくとも、**「順番」どおりに並び替えるだけでわかりやすくなります。**

並び替え（順番）をするだけで頭も整理されますし、分析しやすくなるのです。

## 散らばり具合を表すには？ ——範囲と度数分布表

それでは、1つ目の目的**「散らばり具合」**を表現しましょう。

1つ目の方法は**「範囲」**を求める方法です。範囲と言われても、イマイチよくわからないかもしれません。それもそのはず。数学用語としての「範囲」を知らなければ、理解できないのですから。

### 範囲＝最大値－最小値

数学の統計で言う**「範囲」とは、最大の値から、最小の値を引いた結果**のことです。今回の20個のデータの中で、最も大きな値は60.75 mで、最も小さな値は35.75 mですから、60.75 － 35.75 ＝ 25.00 が範囲の値です。この、25 mの間に、すべてのデータが収まっているわけですから、ある程度の散らばり具合がわかります。

### パターンA

満遍なくデータが
散らばっている場合

| | |
|---|---|
| 35.75m | ←最小値 |
| 37.00m | |
| 38.00m | |
| 40.00m | |
| 41.00m | |
| 42.00m | |
| 43.00m | |
| 45.00m | |
| 47.00m | |
| 48.00m | |
| 49.00m | |
| 50.00m | |
| 51.00m | |
| 53.00m | |
| 54.00m | |
| 55.00m | |
| 57.00m | |
| 58.00m | |
| 59.00m | |
| 60.75m | ←最大値 |

### パターンB

ほとんどの値が60m付近にあって、
1つだけ35.75mの場合

| | |
|---|---|
| 35.75m | ←最小値 |
| 59.00m | |
| 59.40m | |
| 59.50m | |
| 59.65m | |
| 59.65m | |
| 59.70m | |
| 59.80m | |
| 59.90m | |
| 60.00m | |
| 60.10m | |
| 60.10m | |
| 60.15m | |
| 60.20m | |
| 60.40m | |
| 60.40m | |
| 60.50m | |
| 60.55m | |
| 60.70m | |
| 60.75m | ←最大値 |

ほとんどが60m付近の
データなので、散りばり
具合は小さい
（最小値だけ例外）
しかし、範囲を計算すると、

範囲 ＝最大値ー最小値
　　 ＝60.75m ー 35.75m
　　 ＝25m

となり、パターンAと
同じ計算結果に
なってしまう。

ほぼ均等にデータが並んでいるので散らばり具合は大きい。
範囲を計算すると、

範囲 ＝最大値ー最小値
　　 ＝60.75m ー 35.75m
　　 ＝25m

第5章　3つの力を統合してみよう

しかし、「範囲」を計算すれば、誰もが納得する散らばり具合が計算できるわけではありません。
　例えば、最大の 60.75 m から最小の 35.75 m まで、まんべんなくデータが散らばっている場合（図のパターンA）、計算結果が 25 m になりますが、ほとんどの値が 60 m くらいにあって、1つだけ 35.75 m になる場合（図のパターンB）も、範囲の計算結果は 25 m になります。

　範囲の計算式というのは、最大の値と最小の値だけを取り出して計算するので、**ほかの値をすべて無視しています**。ということで、最大と最小以外がどのようにばらついていても、同じ計算結果になってしまうのです。

　そのため、数学には散らばり具合を計算する方法が、ほかにもたくさんあります。中1数学だけでも、ほかに3つ紹介されますし、高校数学をやれば、またいくつか登場します。
　高校数学には踏み込みませんが、中1数学で紹介される方法を続けて紹介しましょう。

　次が**「度数分布表」**です。

### 優勝者の記録

| 階級（m） | 度数（人） |
|---|---|
| 35 以上 ～ 40 未満 | 5 |
| 40　　～ 45 | 6 |
| 45　　～ 50 | 5 |
| 50　　～ 55 | 3 |
| 55　　～ 60 | 0 |
| 60　　～ 65 | 1 |
| 計 | 20 |

　これは図のように、データの値を5mずつに区切り（これを階級といいます）、その階級にデータがいくつあるかを表したものです。

　先ほどの「範囲」の計算と**「同じ」点、「違う」点**を見てみましょう。

　まず**「同じ」点**に関していえば、散らばり具合がわかることです。

　度数分布表は20個すべてのデータを取り込んでおり、どの階級にいくつデータがあるかがわかります。数字が大きいところを見れば、そこにたくさんのデータが集まっていることがわかるので、散らばり具合が見て取れます。

　また、先ほど紹介した**「範囲」もだいたいの値で計算することができます。**

　5m区切りの階級が6つあるわけですから、だいたい25mとか30mくらいになるだろう、ということがわかります。正確ではないにしろ、だいたいで計算できてしまうわけです。

「違う」点としては、**「範囲」の計算よりも正確にわかる**ことです。「範囲」の計算では20個のデータのうち2つだけしか使いませんでしたが、度数分布表では20個すべてのデータが登場します。それがどのくらいの数字なのかもわかるので、**より厳密に散らばり具合がわかる**わけです。表をつくるのは面倒ですが、散らばり具合を見るなら、度数分布表のほうが優れているといえるでしょう。

　一方、範囲のほうが優れている点もあります。
　**計算量**です。やってみるとわかりますが、度数分布表をつくるのは、けっこう面倒です。データを並べ替えて、表を書いて、データの数を数えて……という手順（順番）を踏まないとつくれません。しかし、範囲は最大の値と最小の値を見つければ、すぐに計算できます。
　データの分析はまず「順番」に並び替えることだと言いましたが、範囲の計算だけなら、並び替えなくてもできてしまいます。細かいことはわからなくても、**手っ取り早く知りたいときには、範囲のほうが圧倒的によい**でしょう。
　ということで、どちらがよいか**「順番」**をつけるとすれば、**正確さなら度数分布表に、簡単さなら範囲**に軍配が上がります。

# 散らばり具合を表すには？
## ——ヒストグラムと度数折れ線

続いて、さらにデータを加工します。次は**度数分布表をグラフ**に表します。

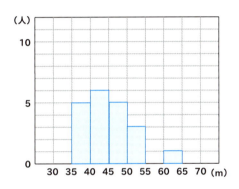

5mずつの階級を横、人数を縦にしてグラフにした図です。これを**「ヒストグラム」**といいます。

度数分布表とヒストグラムは、原則として**「同じ」**ものです。どちらも、どの階級に、何人のデータがあるかを読み取れます。

しかし圧倒的な**「違い」**としては、**見やすさ**でしょう。

度数分布表では、数字を読み、0とか1だったら少ない、5とか10だったら多い、と情報を読み取らなければなりません。不可能な難しさではありませんが、パッと見て読み取れるほど

簡単ではありません。

一方、ヒストグラムではパッと見ただけでデータの多いところと、少ないところがわかります。40 mとか45 mのところにデータが集中していて、60 mのあたりにはデータが少ないのがすぐにわかるでしょう。

本章の前半の $xy$ 座標の話で、数字の羅列よりもグラフのほうがわかりやすいという話をしましたが、まったく「同じ」です。数式は論理的なことを表現するのは得意ですが、**瞬間的なわかりやすさではグラフに勝てません**。またグラフなら、数式が理解できない人にも伝えることができます。これが本書で論理力だけではなく、言語力にも触れた理由です。

第3章の言語力では、言語で大事なのは「シンプルさ」と「表現力」だといいましたが、**この応用がグラフなのです**。

では、最後にダメ押しで、**度数折れ線**を紹介しましょう。

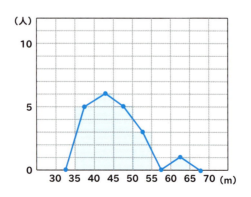

これは、ヒストグラムの棒の上部分の真ん中を線でつないだものです。それだけの作業でつくったグラフですから、情報の量や質では度数分布表やヒストグラムと**「同じ」**です。

　では、明確な**「違い」**は何かというと、正直、ほとんどありません。棒になっているか、線でつながっているかという違いだけで、使い分けは好みでよいと思います。

　ただし、詳しく説明はしませんが、複数のデータのグラフを同時に書きたいときには、下図のように、度数折れ線のほうがよいかもしれません。

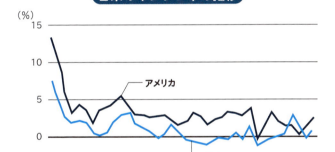

日米のインフレ率の推移

　以上、4つの方法を紹介しました。**範囲、度数分布表、ヒストグラム、度数折れ線**、どれでもデータの散らばり具合を表現できますが、得意なことと不得意なことがあります。

　**ヒストグラム**や**折れ線**は、数字の羅列ではなく、**見た目で判**

第5章　3つの力を統合してみよう　159

**断できるように工夫しているという点で、非常に言語的です。**大人になるとプレゼンテーションをすることが多々ありますが、その基礎が中1数学から学べます。

　また、散らばり具合の表現方法が、中1数学ですでに4つも登場する（もちろん世の中には無数に存在する）ということは、グラフや表を選ぶ人の意図が必ず絡むということです。

　数学の先生が、「統計を学ぶと騙されにくくなるんだよ」と授業するのは、こうしたカラクリがあります。何かグラフや表があったとしたら、それをつくった人が必ずいます。そして、**目立たせたいところと隠したいところが存在する**ことも考えられます。

　例えば、「範囲」の計算では、最大の値と最小の値以外は無視して計算しましたが、わざわざ「範囲」を使うということは、**最大の値と最小の値以外を隠したい**という意図が込められているかもしれません。

　というように、統計数値の計算の仕方、表やグラフのつくり方を知っていると、騙されにくくなるのです。グラフや表は、パッと見でわかりやすく、よくも悪くも見る人を誘導してしまいます。**目先の情報に流されないようにするには、数学を学ぶことが近道**です。

# 「平均＝真ん中」という幻想に騙されるな

　ここまでは散らばり具合の話をしてきましたが、散らばり具合だけ調べれば終わりではありません。いろいろな指標を計算して、グラフや統計データの様子を知ることも大切です。

　そこで使われるのが**代表値**、すなわち**データを代表する値**のことです。

　こういわれてもよくわからないでしょう。みなさんがよく知っているのは、**平均値**です。

　テストの平均点、売り上げの平均、身長や体重の平均、年収の平均など、いつも気になる平均値が世の中には溢れています。

　しかし、**平均こそ気をつけたほうがよい**のです。

　例えば、テストの平均点と聞くと、クラスでちょうど成績が真ん中の生徒の点数のような気がしてしまいます。

　しかしながら、**「平均＝真ん中」ではありません**。

　データによっては、「平均＝真ん中」になったり、真ん中に近くなったりするものもありますが、必ずしもそうではありません。

　この「真ん中」と呼んでいる、上からの「順番」と、下からの「順番」が「同じ」になる値を、中1数学では**「中央値」**と呼びます。わざわざ名前がつけられているということは、平均

値とは**「違う」**証拠です。

では、検証してみます。
先ほどから使っている、鹿せんべい飛ばし大会のデータを利用してみましょう。

### 小さい順に並べた図

| |
|---|
| 35.75m |
| 36.80m |
| 37.93m |
| 38.15m |
| 39.10m |
| 40.20m |
| 41.40m |
| 42.00m |
| 42.10m |
| 42.95m |
| 44.10m |
| 45.00m |
| 45.05m |
| 45.30m |
| 48.70m |
| 49.33m |
| 50.45m |
| 50.70m |
| 52.80m |
| 60.75m |

平均値 **44.4m** ◀

▶ 中央値 = $\dfrac{42.95 + 44.10}{2}$
  = **43.525m**

このデータの中央値を探すと、全部で20個（偶数）のデータなので、ちょうど真ん中の値がありません。このようなときは、両脇の値の平均を取るというルールがあるので、中央値は（42.95 ＋ 44.10）÷ 2 ＝ 43.525mです。次に20個すべてのデータの平均を取ると、44.4くらいになります。中央値が43.525mで平均値が44.4ですから、「平均＝中央値」とはなりません。また、平均値は小さいほうから11番目と12番目の間に位置しますから、確かに「平均＝中央値」とはなりません。それでも、11番目と12番目ですから、やや中央値に近いところに位置することはわかります。

　もう1つ、今度は「平均＝中央値」が成立しないデータをご紹介しましょう。
　みなさん、一番大きな都道府県といえば、北海道とおわかりでしょう。ちょっと詳しい人なら、一番小さいのは香川県ということもご存じかもしれません。
　では、大きい順に1位から47位まで順位（順番）をつけたときの、ちょうど真ん中である24位（中央値）はどこでしょうか？
　答えは、茨城県です（ちなみに茨城県の面積は6095.84 km$^2$です）。
　では、47都道府県の面積の平均値はというと、約8042km$^2$です。中央値の茨城県の6095km$^2$よりも遙かに大きな値になってしまいました。

## 都道府県別面積の順位 （平成25年10月1日現在）

| 順位 | 都道府県名 | 面積 | 順位 | 都道府県名 | 面積 |
|---|---|---|---|---|---|
| 1 | 北海道 | 83457.48 | 25 | 三重県 | 5777.36 |
| 2 | 岩手県 | 15278.89 | 26 | 愛媛県 | 5678.51 |
| 3 | 福島県 | 13782.76 | 27 | 愛知県 | 5165.16 |
| 4 | 長野県 | 13562.23 | 28 | 千葉県 | 5156.62 |
| 5 | 新潟県 | 12583.84 | 29 | 福岡県 | 4979.42 |
| 6 | 秋田県 | 11636.32 | 30 | 和歌山県 | 4726.32 |
| 7 | 岐阜県 | 10621.17 | 31 | 京都府 | 4613.26 |
| 8 | 青森県 | 9644.74 | 32 | 山梨県 | 4465.37 |
| 9 | 山形県 | 9323.46 | 33 | 富山県 | 4247.62 |
| 10 | 鹿児島県 | 9188.99 | 34 | 福井県 | 4189.89 |
| 11 | 広島県 | 8479.81 | 35 | 石川県 | 4186.21 |
| 12 | 兵庫県 | 8396.47 | 36 | 徳島県 | 4146.81 |
| 13 | 静岡県 | 7780.60 | 37 | 長崎県 | 4105.88 |
| 14 | 宮崎県 | 7736.08 | 38 | 滋賀県 | 4017.36 |
| 15 | 熊本県 | 7404.89 | 39 | 埼玉県 | 3798.08 |
| 16 | 宮城県 | 7285.80 | 40 | 奈良県 | 3691.09 |
| 17 | 岡山県 | 7113.24 | 41 | 鳥取県 | 3507.31 |
| 18 | 高知県 | 7105.20 | 42 | 佐賀県 | 2439.67 |
| 19 | 島根県 | 6707.98 | 43 | 神奈川県 | 2416.05 |
| 20 | 栃木県 | 6408.28 | 44 | 沖縄県 | 2276.72 |
| 21 | 群馬県 | 6362.33 | 45 | 東京都 | 2188.67 |
| 22 | 大分県 | 6339.82 | 46 | 大阪府 | 1901.42 |
| 23 | 山口県 | 6114.14 | 47 | 香川県 | 1876.58 |
| 24 | 茨城県 | 6095.84 | | 全国 | 377961.73 |

平均値 約8042km² ▶ 12 兵庫県 8396.47

中央値 ▶ 24 茨城県 6095.84

国土地理院ホームページより

　平均値の8042km²に最も近いのは、13位の静岡県です。

　まとめると、平均値は8042km²で13位くらい、中央値は6095km²で24位となり、**「平均値＝中央値」**とはならないことがよくわかります。

## 平均年収のグラフの読み方

では、もう1つ代表値を紹介します。**「最頻値」**です。

最頻値とは、その名のとおり、最も頻繁に登場する値のことです。

度数分布表でいうと、最も度数の多い階級のことになります。鹿せんべい飛ばし大会のデータを見ると、40〜45 mの階級が最頻値です。

**優勝者の記録**

| 階級（m） | 度数（人） | |
|---|---|---|
| 35 以上 〜 40 未満 | 5 | |
| 40　　〜 45 | 6 | ◀最頻値 |
| 45　　〜 50 | 5 | |
| 50　　〜 55 | 3 | |
| 55　　〜 60 | 0 | |
| 60　　〜 65 | 1 | |
| 計 | 20 | |

ヒストグラムなら、もっとわかりやすくなります。

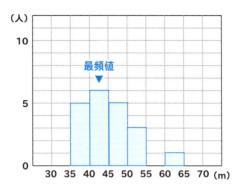

**グラフが一番高くまで伸びているところ**を見ればよいのです。やはり、ヒストグラムは見やすいですね（もちろん、度数分布表を見やすくしただけなので、40〜45mが最頻値です）。

最頻値の例としては、店舗の売り上げがよく引き合いに出されます。

店舗経営では、売れ筋の商品とあまり売れない商品が気になりますが、**最も売れる商品が最頻値**になります。

また、最も売れる時間帯、季節や月、天気や購買者層など、分析方法を**「違う」**ものに変えれば、見えてくるデータも変わるでしょう。

このように、**最頻値はより日常に関わる指標**です。

中1数学では、代表値として平均値、中央値、最頻値の3つが登場します。最後に3つすべてを登場させてデータを見てみましょう。

日本人の平均年収のデータです。

## 平成26年　日本人の年収データ

| 階層 | 人口(万人) | 割合 | 累計割合 |
|---|---|---|---|
| 100万円以下 | 417.7 | 8.8% | 8.8% |
| 100万円代 | 721.4 | 15.2% | 20.0% |
| 200万円代 | 802.9 | 16.9% | 40.8% |
| 300万円代 | 824.1 | 17.3% | 58.2% |
| 400万円代 | 663.3 | 13.9% | 72.1% |
| 500万円代 | 450.2 | 9.5% | 81.6% |
| 600万円代 | 280.4 | 5.9% | 87.5% |
| 700万円代 | 189.5 | 4.0% | 91.5% |
| 800万円代 | 124.9 | 2.6% | 94.1% |
| 900万円代 | 82.1 | 1.7% | 95.8% |
| 1,000〜1,500万円代 | 148.4 | 3.1% | 98.8% |
| 1,500〜2,000万円代 | 30.6 | 0.6% | 99.6% |
| 2,000〜2,500万円代 | 9.5 | 0.2% | 99.8% |
| 2,500万円越 | 11.1 | 0.2% | 100.0% |

はじめて50%を超えるので、ここが中央値とわかる

　ほかの人の年収は気になるところ。平成26年の年収は、上の度数分布表のようだったそうです（度数として、人口と割合のデータも載せてあります）。

　このデータの平均値、中央値、最頻値の3つをそれぞれ調べてみます。

　まず、最も簡単にわかるのが、**最頻値**です。

　これは、ヒストグラムか度数折れ線を描いてみれば、すぐにわかります。

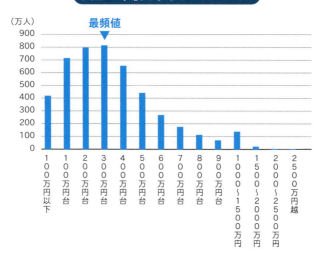

　人口・年収のグラフを見て、一番上まで飛び出ている棒を見ればよいので、300万円台が最頻値だとわかります。

　つまり、日本人は年収300万～400万円くらい稼いでいる人が最も多いということです。

　ちなみに、棒の長さを見るだけですから、もう少し見てみましょう。2番目に長い棒は200万円台、3番目に長い棒は100万円台です。このあたりがボリュームゾーンなので、ここだけ取り出して考えると、日本人の平均年収は200万～300万円に収まりそうだと予測ができます。

　また**中央値**を見てみましょう。

先ほどの表の一番右の列（累積割合）をご覧ください。

これは、その年収以下の人口が何％いるかを計算したものです。

100万円以下の年収の人が8.8％いて、200万円以下の年収の人が20.0％、300万円以下の年収の人が40.8％いるということです。

これを見ると、年収300万円台のところが58.2％になっています。ということは、年収300万円台に、低いほうから数えてちょうど50％（真ん中）の年収の人がいることがわかります。つまり、（正確にはわかりませんが）**中央値は300万円台のどこか**だとわかるのです。

さて、最後に**平均値**ですが、この表のデータからは計算できないので、国税庁からデータを引っ張ってきました。

すると、中央値も最頻値も300万円台だったのに、平均年収は415万円ほどになるそうです。

年収400万円以下の人口が58％ほどいるのに、平均年収は415万円。つまり、**平均値を調べてみても、「普通の日本人」の年収はわからない**のです。「普通の日本人」を調べるには、中央値や最頻値のほうが優れていそうです。

ちなみに、なぜ平均値だけ大きな値で計算されるかというと、非常に高い年収の人（表でいうと、年収2500万円以上の人）がいるからです。

人口割合では、0.2％しかいませんが、年収が数億円あるいはそれ以上の人がいます。そのような人たちのデータも含めて

第5章 3つの力を統合してみよう

計算するので、多めに計算されてしまうのです。

たった0.2%でも、その効果は絶大です。

年収1億円の人が1人いると、平均値が大きく上がります。平均値を上げないためには、年収100万円の人が32人くらいいて、やっとトントンになる計算です。年収10億円なら300人ほど、年収100億円なら3000人ほどにもなります。

ということで、平均値は、飛び抜けて大きな値（小さな値）に左右されやすい性質があるのです。

本章の後半では、とくに統計に気をつけましょうという話をしてきました。中1の数学でも、基礎を押さえて応用すれば、ここまで深い話になります。

グラフや平均値は便利でわかりやすいからこそ、飛びついてしまいがちですが、**一歩引いて論理的に考えることで、浅はかなミスをしなくて済む**ようになります。論理的な思考が身につくと、自分の身を助けることになるのです。

### この章のまとめ

- 方程式の文章題は「翻訳」——自分の強い分野に持ち込んで勝負する
- ｘｙ座標は、場所を「シンプル」に「表現」したもの
- グラフを使うと、インパクトを与えられる
- データの散らばり具合を表すには、表やグラフが効果的
- 「平均＝真ん中」という幻想に騙されるな

第6章

# 論理思考で結果を
# 出せる人になれる

## 塾に通わず学年1位を取り続けた女の子の話

　ある女の子の話です。
　貧しい母子家庭に生まれ、お母さんは朝から晩まで汗を流して働いています。それでも、なかなか暮らしはよくなりません。
　小学校に上がり、周りの子は塾や習い事に通いますが、この子の家はお金に余裕がないので通わせてもらえません。しかし、その子は小学校6年間、ずっと学年トップの成績を取り続けたそうです。
　不思議に思った担任の先生が、お母さんに聞いてみました。
「どんな教え方をして、これだけよい成績を出しているのですか？」
「何も教えていませんよ」
　先生は驚きました。

　ただし、お母さんは娘が小学校に入学するときに、こう言ったそうです。
「お母さんね、昔、おうちにお金があんまりなくて、ちゃんと学校に通えなかったんだ。だから、○○ちゃんが小学校に通って先生に勉強を教えてもらえるのがうらやましいの。学校から帰ってきたら、その日、先生に教えてもらったことを、お母さんに教えてほしいな」

「うん。じゃあ、毎日、お母さんに教えてあげるね」

そうして女の子は、お母さんが仕事を終えて帰ってきた後に、その日、学校で習ったことを教えてあげたそうです。

## インプットとアウトプット

私はこの話が大好きで、ことあるごとに話しています。

それは、結果を出すために大切なエッセンスが詰まっているからです。

そして、この話から、すべての日本人が中1数学を学んでいるにもかかわらず、論理的な思考ができない原因を探ることもできます。

この女の子には、普通の小学生とは絶対的に「違う」点があります。

普通の子は、自分が理解できるか、覚えられるかを基準に授業を聞いています。しかし、この女の子だけは遙か上のレベルで授業に参加しているのです。すなわち、お母さんに教えられるレベルです。

教える立場にある人ならよくおわかりのことかと思いますが、自分が聞いて理解できるのと、他人に教えられるのとでは、まったくレベルが異なります。頭ではわかっているけど、うまく言葉にできない、という経験があるのと同じです。

教えるためには、一通り経験しなければならないし、コツや

ポイントを知っておかなければなりません。さらに、自分の頭で整理した上で、わかりやすく表現しようと工夫します。

私も、18歳のときは1日に12時間も受験勉強をしていましたが、教鞭をとり教えるようになってからのほうが、学力が伸びた実感があります。

短時間で急激に学力を上げようと思うなら、教えるよりも自習をしたほうがよいのですが、時間をたっぷりかけられるなら、誰かに教えたほうが遙かに上のレベルに到達できます。

つまり、何かを身につけるには、インプットよりもアウトプットのほうが遙かに優れているのです。

この女の子はお母さんに教えなければならないため、そもそも授業を集中して聞くでしょう。そして、自宅でお母さんに授業するわけですから、最低1度はその日の内容を復習します。

授業中にも「あっ、いまの先生の説明の仕方、わかりやすかったから、お母さんにも同じように説明してあげよう」とか「いまのところはわからなかったから、お母さんに教えるまでに、説明できるようにしておかなくちゃ」などと、普通の子が見落とすような点にたくさん気づき、実践するはずです。

だから、ほかのクラスメイトと一緒の授業を聞いているようで、吸収している中身のレベルはまったく異なります。

私がお世話になっているキャリアコンサルティングという会社があります。ここは学生の就活支援や社会人向けの教育を行う会社なのですが、先輩が後輩を指導するシステムを導入して

おり、数々の若いメンバーが教えること（アウトプット）を通じて、大きな成長を遂げています。ちなみに、このシステムは明治維新の際に西郷隆盛や大久保利通など多くの偉人を輩出した薩摩藩の郷中（ごじゅう）教育と同じです。

日本では、小さい頃から1日に何時間も、毎日、授業に拘束されます。義務教育だから当たり前ですし、それ自体は悪いことだとは思いません。

問題なのは、授業は受けさせられるけど、**授業の受け方を教わらない点**です。

授業に出ろ、宿題をしろ、勉強量を増やせというのが、一般的な学校や塾の指導の方針だと思います。

しかし、授業や宿題や自習時間のうまい使い方は教えてもらえません。

覚えなさいとは指導されますが、その覚え方は教えてもらえません。

ということで、私は個人でできる範囲で、勉強そのものの方法や、結果の出し方を生徒に教えているわけですが、高校生ともなると、自分のスタイルがすでに確立していたりして、なかなか脱し切れない生徒も多いものです。

そんな生徒に話すのが、**先ほどの女の子の話**です。

授業の聞き方や勉強の仕方を少し変えるだけで、これほどまで大きな効果があります。

ほかの人と「**同じ**」ことをしていては、「**同じ**」結果しか生まれません。「**違う**」ことをしなければ「**違う**」成果が出ないのです。

ここから少しだけ、成果の出しやすい学び方を披露したいと思います。

## ゴミ屋敷では目的のものは見つからない

　ときどきテレビで、ゴミ屋敷を題材にした番組を見かけます。
　家中がゴミだらけで、どこに何があるかわからない状態。リビングもキッチンも積みあがった荷物で、足の踏み場もありません。
　住んでいる本人は「どこに何があるか、すべて把握しているんだ」と言い張りますが、私が見た番組では、検証した結果、わかっていませんでした。

　私が言いたいのは、別に「ゴミを捨てましょう」ということではありません（ゴミは捨てたほうがよいと思いますが）。
　家の中に存在していても、**場所を把握していなければ、存在していないのと同じ**、ということです。
　いくらよいものを買ってきても、買ってきたことすら忘れていたり、物置の奥にしまい込んで忘れてしまっていたら、使い物になりません。
　実際は本棚に置いてあったとしても、どの場所に置いたのか忘れていたら、本棚にないのと同じなのです。
　本を著者別に並べたり、出版社別にならべたり、テーマ別に

並べたりすれば、すぐに取り出せるようになります。図書館にあれだけ本がたくさんあっても機能するのは、本棚に整理して置いてあり、ラベリングして、蔵書リストをつくって管理してあるからです。第5章で扱った、たくさんのデータを並べ替えた（順番）だけでわかりやすくなったのと「同じ」です。

　勉強でも同じことが言えます。
　一夜漬けで、意味もわからず丸暗記した記憶が、テスト後に消滅した経験は、誰しもあると思いますが、これは**頭の中で整理されていないから**です。
　その単語や用語の意味がわからないまま、とにかく頭の中に入れようとしたものは、ほとんど記憶に残りません。そういう暗記を大量にしても、消えていくばかりなのです。

　では、どうすればよいかというと、ズバリ頭の整理をしてください。
　頭の中をゴミ屋敷のようにゴチャゴチャにするのではなく、整理しながら覚えるのです。
　頭の中の整理とは、すなわち**「同じ」「違う」「順番」を意識すること**です。
　第4章で、暗記のポイントは関連づけだと書きました。「錐」という一文字に関連させながら広げたように、たくさんの知識をドンドン結びつけて覚えましょう。
　その際、「順番（因果関係）」として、**語源を調べることも有効**でした。

また、1つ1つに直接の関係性がなくても、**「順番」を意識することが大切**です。

　日本史で年号の暗記ばかりさせられて苦痛だったという話をよく聞きますが、あの事件より前だな、後だなと、「順番」を意識して覚えれば、かなり違います。

　このように、いかにほかの知識との関連性を意識して覚えられるかが、勝負どころなのです。

## 「インプット → 頭の中を整理 → アウトプット」の順番で学ぼう

　そして、最後にアウトプットをします。
　つまり、何かを学ぶときは、**①インプット、②頭の中を整理、③アウトプットの順で行う**ということです。

　アウトプットの形は、あまりこだわらなくてもよいでしょう。
　慣れないうちは、頭の中で整理したものを、そのまま紙に書くことをおススメします。
　よくビジネス本ではノート術が話題になりますが、これは脳の整理とアウトプットをしているのです。

　また、学校や塾、予備校の授業で、先生が解法を図や表でまとめてくれたものが配られたり、板書されたりしますが、これ

は(生徒よりも**先生にとって**)非常に効果的な勉強法です。

　教科書や参考書に書かれている内容を、一度、自分の頭の中にインプットし、「同じ」「違う」「順番」を使って整理する。そして最後に、紙の上にアウトプットしているのです。

　生徒の中には、いろいろな先生の授業を受け、さまざまな角度の整理の仕方を知って満足している人がいますが、それよりも**自分でまとめる努力をする**ほうが何倍も効率的です。

　私も日々、頭の中の整理をしています。なにしろ、数学以外にも、英語、国語(古文や漢文も)、理科や社会も教えていますから、教えるたびに頭が整理されます。

　整理して十分まとまったものは、なるべくきれいに紙に書いています。ときには、ブログにアップすることもあります。

　1つ紹介すると、大学受験の数学では、1次方程式、連立方程式、2次方程式、高次方程式……と、たくさんの種類の方程式が登場し、それぞれ解法が異なるため、頭が混乱する生徒が非常にたくさんいます。

　そこで、全体像がわかるような手書きのまとめプリントを1枚つくって、生徒に配っています。

　次ページのプリントは、中1数学の範囲を超えているので、絵として見てもらえればよいのですが、こういうプリントがもう100枚以上になりました。まとめるときの参考例にしてみてください。

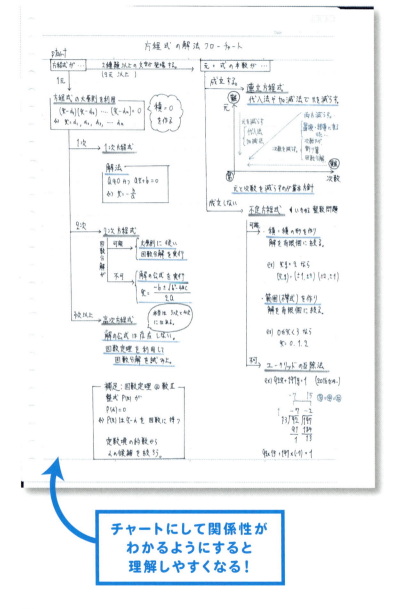

チャートにして関係性が
わかるようにすると
理解しやすくなる！

## 手続き記憶でも「インプット → 頭の中を整理 → アウトプット」が有効

　これは、情報や知識などの「意味記憶」だけに通用する話ではありません。

　第4章のテーマは暗記力でしたが、2つの記憶の種類を主に扱いました。知識や情報を覚えていく「意味記憶」と、動作や作業の仕方を覚えていく「手続き記憶」です。

　後者の**「手続き記憶」に関しても、「インプット→頭の中を整理→アウトプット」の流れが効果的**です。

　私の実例をご紹介しましょう。

　私は大学新卒で、ある学習塾に入社しました。そこで、非常に苦手な上司の下に配属になります。

　毎日、怒られてばかりで、何をしてもうまくいかず、怒鳴られることもよくありました。

　しかし、仕事のできる先輩をはじめ、アルバイトで働く講師の先生たちの中には、その上司に気に入られて、まったく怒られない人も多数います。

　いま振り返ると、私の働く姿勢が甘かった、と大いに反省しているのですが、当時はそんな余裕はありません。

「こんなの不公平だ。きっと、あの上司は僕のことが嫌いなん

だ。だから、何をやってもイチャモンをつけてくるんだ」

当時は、本気でそう思っていました。

しかし、しばらくすると、ある法則が見えてきました。

怒られない先輩や講師の先生を見ていると、**「同じ」**行動を取っていることがわかったのです。

私は、話しかけると怒られるので、最低限のコミュニケーションで済ませようと、あまり上司に近づかないようにしていたのですが、先輩方は頻繁に声を掛けに行きます。

そして、仕事の相談をよくしていたのです。

「あの生徒は不安なことがあるようなので、少し部屋を借りて面談してきていいですか？」

「僕の持っているクラスの今後の運営なんですけど、少し変えてみたいんですが、いかがでしょうか？」

などなど、こまめにコミュニケーションを取っています。

「なるほど、怒られるから話し掛けないのではなくて、話し掛けるから怒られなくなるのか」と頭の中で整理して、細かいことでも上司に話し掛けてみるようにしました。

すると少しずつ関係がよくなったように思います。

その上司や先輩方の行動を見ていると、また**パターンが見えてきました**。その上司は、日中にパソコン業務をしているときは、顔をしかめながら仕事をしていることが多いのですが、夜になって生徒の授業をした後はニコニコしています。塾の業界ですから、誰でも授業をするのは好きなのでしょう。上司も根っからの先生だったのだと思います。

また、その上司はタバコを吸うのですが、タバコを吸いに給湯室に入ったときも穏やかでした。
　そして先輩たちも、授業後や給湯室の中で、話しづらい相談を持ち掛けていることもわかってきました。
　私は上司に気を遣わず、気を張ってピリピリしているときに、余計なことをしてしまっていたから、怒られやすかったのでしょう。タイミングを図って話し掛けるようにすることで、上司との関係も改善していきました。
　先輩たちや上司の行動の**「同じ」部分をインプットし、頭の中で整理した上で、アウトプットしてみた**、という実例です。
　「インプット→頭の中を整理→アウトプット」の流れは、**どんな場面でも有効**なのです。

## 「量を増やす」のは悪い作戦

　悪い例を紹介します。
　子供の成績が悪くて「勉強しなさい」と言ってしまうことです。これはたいてい失敗します。それはなぜかをご説明しましょう。

　確かに成績のよい子は、勉強量が多い傾向にあります。
　だから、親や先生の立場からしてみると、子供や生徒の勉強量を増やしたくなる心理は非常によくわかります。
　だからといって、単純に勉強量を増やせばよいかというと、

そうではありません。

むしろ、勉強量を無理に増やせば増やすほど、逆効果です。勉強が嫌になり、最悪の場合は成績が悪くなることのほうが多いように思います。

これを先ほどの話に当てはめれば、

①成績のよい子の傾向を知る（インプット）
③自分の子供や生徒の勉強量を増やすように指示する（アウトプット）

となっており、 **②頭の中を整理**の手順（順番）を飛ばしてしまっているのです。

もう少し丁寧に、成績のよい子の分析をしてみましょう。
第5章で「雪だるまの法則」をご紹介しました。
まずは良質なものをつくることに専念して、つくれるようになったら増殖させるというメソッドでした。とにかく**早い段階で質にこだわれるか**が、何事においても最大のポイントです。
つまり、**成績のよい子は、良質な方法を知っている**のです。
時間をかければ確実に成果を出せる方法がわかっているから、時間をかけようと思える。だから、勉強量が多くても、比較的苦痛に感じないという背景があります。
良質なものがつくれているのなら、量を増やすのはよい戦略なのですが、質が担保できないうちから、やみくもに量を増やそうとしてはいけません。

誤解しないでほしいのは、私は勉強量を増やさなくてもよいと言っているわけではありません。勉強量を増やせばよいと単純に結びつけるのが危険だと言っているだけです。

　繰り返しますが、**早い段階で良質なものをつくれるかどうか**が最も大切です。そして、その方法は、①インプット→②頭の中を整理→③アウトプットの流れを身につけることです。この3つが、実は本書で学んだ3つの力に対応しています。暗記力でインプットし、論理力で頭の中を整理し、言語力を使ってシンプルに表現（アウトプット）してください。これまでと違うスピードで成長するようになるはずです。

## 机に向かって勉強するのをやめよう

　では、良質な学び方をしている人には、どんな特徴があるでしょうか。

　1つ挙げると、**机に向かって勉強しなくなること**があります。

　勉強というと、「机に向かって教科書を開き、問題集を解きまくる。単語や用語を暗記しまくる」というイメージだと思います。これはこれで大事なことで、点数をとる受験勉強においては非常に有効です。

　しかし、それだけでは限界があります。難関大学に合格するような成績優秀な生徒ほど、**教科書や参考書、問題集以外から学ぶ**スタイルが確立しているのです。

例えば、私が18歳のとき、ちょうど東大に入学したばかりの頃の話です。
　学園祭で焼き鳥の模擬店で売り子をして「焼き鳥いかがですか〜。1本80円からで〜す」と、道行く人に声を掛けていました。すると、隣にいたクラスメイトから
「1本80円からというと、90円とか100円の焼き鳥も売っているようなニュアンスにならない？　うちは、1本80円のものしかないんだから、『1本80円です』のほうがいいよ」
と指摘されたのです。
　こういう話を聞くと、学園祭の楽しい雰囲気を壊す嫌なヤツだなという話のオチになりそうですが、そうではありません。
　私がここで言いたいのは、日常の何気ない一言でも、教科書的な日本語の「から」のニュアンスの違和感に気づいて会話を広げているということです。
　教科書の文章や、試験の問題文だから気づくのではなくて、**日常の会話も、日々の勉強も同じ感覚で捉えている**のです。

　もう1つ例を出します。
　環境問題が叫ばれ始め、ペットボトルを燃やすとダイオキシンが発生するから、ごみを分別して出そうという運動が始まった頃です。
　これまた、東大のクラスメイトの友人がこう言いました。
「ダイオキシンって、塩素を燃やすと発生するんでしょ？でも、ペットボトルって、ポリエチレンテレフタレート（Poly-

Ethylene Terephthalate)の略だから、炭素と水素と酸素しか入ってないし、燃やしても二酸化炭素と水しかできないじゃん。だから、ペットボトルはガンガン燃やしてもいいと思うんだよね」

高校の化学を勉強すると、ペットボトルの成分が化学式で書けるようになります。そして、ペットボトルを燃焼した化学反応式も登場します。この知識と、日々のゴミの分別を結びつけてツッコミを入れているわけです。

なんと頭のよい人だろうと思いましたが、東大生はこういう会話をしています。

勉強は机の上でするものと切り替えているわけでなく、日常の一部に溶け込んでいるのです。

だから、机の上だけで勉強するのではなく、**日常すべてが教材だと思って学ぶ姿勢**が大切なのです。

ちなみに専門的なことはわかりませんが、こういう話を聞いたことがあります。ペットボトルを燃焼させてもダイオキシンは出ないのですが、ペットボトルを加工する際に使った薬品や中に入っていた液体などを含めて燃焼させると、ダイオキシンが発生する可能性があるそうです。

## 受験対策をしても、大人になって必要な力は手に入らない

本書で何度か登場しましたが、「数学は役に立たない」とい

う意見と「数学は役に立つ」という意見が両方存在します。

この違いは何かというと、数学**「を」**学ぶか、数学**「で」**学ぶかです。

確かに因数分解や微分積分を使わなくても心から尊敬できる方々がたくさんいるのですが、数学を利用した仕事をしている人もたくさんいます。私が言いたいのは、役に立つ・役に立たないの議論ではありません。数学「を」学ぶことに加え、数学「で」学ぶ姿勢が身につけば、もっと人生のタメになるということです。

本書は、改めて中1の数学に触れて、論理思考を身につけようという目的の本です。

誰もが通過しているはずの中1の数学ですが、深く読み込むと、非常に論理的な要素が満載だったことがおわかりいただけたと思います。

しかし、普通に学校で数学「を」勉強して、高校受験、大学受験をしただけでは、論理的な思考は身につかないでしょう。

なぜなら、子供の頃はテストの点数を取ることが目的であって、数学「で」論理的な思考を学ぼうと思ってないからです。

テストの点数を取る勉強は、どうしてもつまらなくなりがちです。そういうゲームだと思えば楽しめる部分もありますが、誰もが楽しめるゲームではないでしょう。スポーツだってテレビゲームだって、全員が好きなわけではありません。

私は、いわゆる数学好きな人たちと接する機会がよくあります。大人の数学好きもいますし、小学生や中学生の数学好きな

子とも接することがあります。しかし、彼らの中で「テストの点数が取れるから、数学が好きだ」という人は一人もいません。**数学そのものの魅力**を感じているのです。

　受験対策をしていると、数学の面白さよりも、点数を取る方法ばかりに目が向きます。先生も生徒もそうです。そのため、本当の魅力に接する機会も少なくなります。だから、論理的な思考が身につきません。

「ちゃんとした大学に入って、ちゃんと就職できるように」という願いを込めて勉強するのですが、実は**受験勉強ばかりすればするほど、大人になって必要なことから遠ざかる**というジレンマもあるのではないかと思っています。

# WhatからHowの思考に切り替えよう

　では、どうすればよいかというと、**What思考からHow思考に切り替える**ことです。

　数学「を」学ぶ（What）のではなくて、数学「で」学ぶ（How）ことを意識してください。子供の頃は点数を取らなければなりませんから、どうしても数学「を」学ぶ（What）ことを意識しがちです。

　しかし、本書のように数学「で」論理思考を学ぶ（How）ように工夫すれば、**数学が人生の教材に変わります。**

先ほどの「勉強しなさい」と言うのは悪い作戦だという話もそうです。
　成績のよい子は、小さい頃から日常と学校の勉強が結びついていたのでしょう。だから、日常の中から疑問が発見できるし、**学校で授業を聞いていても日常に絡めながら学びます**。よって、関連づけながら学べるので記憶に残りやすいのです。
　このような勉強法（How）がしっかり身についている子を指導するのは、非常に楽です。先生としては、単純に情報をたくさん浴びせていけば、生徒が勝手に頭の中でストーリーにして理解し、暗記してくれるからです。
　しかし、頭の中は見えません。成績のよい子がどのような頭の使い方をしているか（How）を見ずに、表面的な勉強量の多さ（What）ばかりを見て、自分の子供や生徒に、できる子と同じ方法を当てはめようとすると、失敗します。合わない方法を無理矢理当てはめようとしているのですから、当然です。

　まずは、**よい勉強方法を習得させること（How）から始める**とうまくいきます。
　「インプット→頭の中を整理→アウトプット」の「順番」で行う話も、頭の中を整理の部分がHowになっています。単純に取り込むとWhatですが、頭の中を整理をして、法則やノウハウを見つけた上で取り込むとHowになります。
　誰もが同じ時間を生きています。しかしうまくいく人もいれば、うまくいかない人もいます。違いは何かというと、**時間の使い方（How）**です。1日24時間（What）は「同じ」でも、

使い方（How）が「違う」から、差が生まれます。

　頭で考えるのは難しく、面倒に思うかもしれませんが、一度習得すると、何にでも応用できます。雪だるまのように、まずは良質なものを身につけて、その後で量産すればいいのです。

　そのため、**論理思考に適していて、最も簡単な内容である中１数学を題材にした**というわけです。

　私は、みなさんにもう一度、中１数学の教科書を買ってきて、学び直してほしいわけではありません。中１数学は、あくまで教材（What）であって、大切なのはその**背景にある考え方（How）** です。

　これまでと「同じ」方法では「同じ」結果しか生まれません。「違う」方法で取り組むから「違う」結果が出せるようになります。そのために「インプット→頭の中を整理→アウトプット」の「順番」で学び、What思考からHow思考へと変えましょう。

　たったこれだけで論理思考が身につき、いままでと違った成果が出せるようになります。

### この章のまとめ

- インプット→頭の中を整理→アウトプットが正しい「順番」
- 「同じ」「違う」「順番」を使って頭を整理しよう
- 「同じ」ことをしていては「同じ」結果しか生まれない
- 「違う」ことをしてはじめて「違う」結果が出る
- What思考からHow思考へ切り替えよう

[著者]
**平井基之**(ひらい・もとゆき)

受験戦略家、東大に文理両方で合格した男。現役で東大理科一類に合格し、卒業後に大手学習塾に入社。東大受験者専門コースで数学と物理を担当し、東大合格者数の激増に貢献。退社後、私立高校で難関大学受験者専門クラスの統括責任者に抜擢される。それまでに培ったノウハウを自ら実践するために、30歳を超えてから一念発起。1年で東大文科三類の合格を目指して受験勉強を開始。センター試験で目標点とまったく同じ得点を取り、東大入試では目標点から1点しかズレない得点で合格。受験勉強中から発信しているブログは話題を呼び、最大月間アクセス数は12万を達成。現在は個別指導や東大合格専門塾の経営などを中心に幅広く活動中。

## ビジネスで差がつく 論理アタマのつくり方
──カンタンな中1数学だけでできる！

2017年12月13日　第1刷発行

著　者────平井基之
発行所────ダイヤモンド社
　　　　　　〒150-8409　東京都渋谷区神宮前6-12-17
　　　　　　http://www.diamond.co.jp/
　　　　　　電話／03・5778・7234（編集）　03・5778・7240（販売）
装丁─────桑山慧人（book for）
装画─────田渕正敏
本文イラスト──野田映美
DTP　────荒川典久
製作進行───ダイヤモンド・グラフィック社
印刷─────堀内印刷所（本文）・共栄メディア（カバー）
製本─────加藤製本
編集担当───田口昌輝

ⓒ2017 Motoyuki Hirai
ISBN 978-4-478-10461-3

落丁・乱丁本はお手数ですが小社営業局宛にお送りください。送料小社負担にてお取替えいたします。但し、古書店で購入されたものについてはお取替えできません。
無断転載・複製を禁ず
Printed in Japan